DE L'INFLUENCE DES TRAVAUX DE POTHIER ET DU CHANCELIER D'AGUESSEAU SUR LE DROIT CIVIL MODERNE

PAR

M. LÉOPOLD THÉZARD
Agrégé à la Faculté de droit de Poitiers, avocat à la Cour impériale.

PARIS
AUGUSTE DURAND, LIBRAIRE-ÉDITEUR
RUE CUJAS, 9 (ANCIENNE RUE DES GRÈS, 7)

1866

Paris. — Typographie Hennuyer et fils, rue du Boulevard, 7.

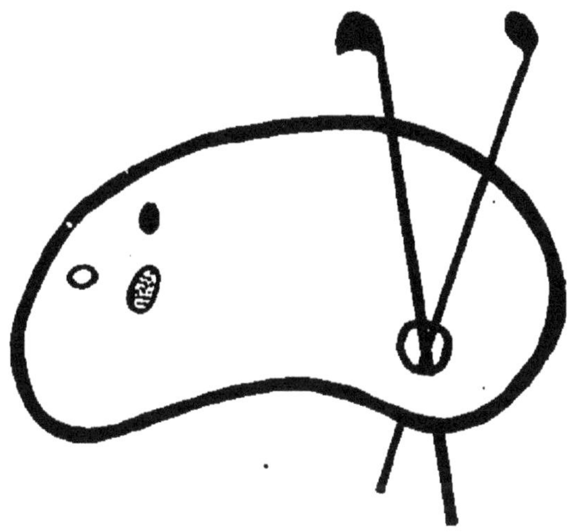

DEBUT D'UNE SERIE DE DOCUMENTS
EN COULEUR

DE L'INFLUENCE DES TRAVAUX

DE POTHIER ET DU CHANCELIER D'AGUESSEAU

SUR LE DROIT CIVIL MODERNE.

(Extrait de la *Revue historique de droit français et étranger*, numéro de mai-juin 1866.)

PARIS. — TYPOGRAPHIE HENNUYER ET FILS, RUE DU BOULEVARD, 7.

DE L'INFLUENCE

DES TRAVAUX DE POTHIER

ET

DU CHANCELIER D'AGUESSEAU

SUR

LE DROIT CIVIL MODERNE

PAR

M. LÉOPOLD THÉZARD,

Agrégé à la Faculté de droit de Poitiers, avocat à la Cour impériale.

PARIS

AUGUSTE DURAND, LIBRAIRE-ÉDITEUR,

RUE CUJAS, 9 (ANCIENNE RUE DES GRÈS, 7).

1866

DE L'INFLUENCE DES TRAVAUX

DE POTHIER

ET DU CHANCELIER D'AGUESSEAU

SUR LE DROIT CIVIL MODERNE.

INTRODUCTION.

1. Sources du droit.
2. Influences diverses de la législation, de la doctrine et de la jurisprudence.
3. Limites de l'action du législateur et du jurisconsulte.
4. Portée des travaux de Pothier et de d'Aguesseau.
5. Questions préliminaires.

1. Les perfectionnements introduits dans le droit d'un peuple naissent surtout de ses institutions politiques, de son caractère, de sa civilisation, de ses besoins particuliers; son histoire explique sa législation.

Mais si, au lieu de s'en tenir aux causes générales, on cherche le résultat et l'expression matérielle des progrès de la législation, il faut s'adresser à trois sources principales :

Les actes de la *législation positive ;*

Les œuvres des jurisconsultes, ou la *doctrine ;*

Les monuments de la *jurisprudence.*

C'est là qu'on peut suivre pas à pas les progrès accomplis, saisir les changements à l'instant même où ils se font, constater d'époque en époque ce qui est tombé en désuétude et ce qui s'est produit au jour, rencontrer en un mot toutes les transitions, toutes les transformations du droit.

2. En prenant à part chacune des trois sources que nous indiquons, l'étude des œuvres de la *législation positive* et celle de la *doctrine* offrent un intérêt de plus que l'examen de la *jurisprudence*, l'intérêt de constater directement l'action des volontés et des intelligences individuelles, de faire à chacun sa part dans la propagation des idées nouvelles. On trouve en même temps dans ces œuvres un caractère d'unité qu'elles puisent dans leur nature même, un travail de classification et de généralisation qui en fait, dès le moment de leur production, des œuvres scientifiques et systématiques.

La jurisprudence a une action plus journalière; ses décisions se produisent d'une façon continue pour suffire aux besoins des affaires; elles empruntent de leur application aux faits particuliers et à la pratique des choses une influence immédiate; leur force de chose jugée, toute relative qu'elle est, leur ajoute un poids considérable. D'autre part, par le retour des mêmes questions ou de questions se rattachant à un même système, elles peuvent à la longue constituer de vastes systèmes; les variétés infinies des espèces mettent en lumière des aperçus nouveaux, et, par les différences des points de vue sous lesquels elles présentent les questions, forcent le juge à étudier profondément les nuances de chaque théorie pour les faire passer dans la jurisprudence. Mais, comme œuvres scientifiques, les décisions judiciaires ont un défaut inévitable : elles se produisent isolément, comme des points détachés d'un ensemble plus vaste; chacune d'elles est faite pour le besoin d'une cause particulière, non pour les besoins généraux de la société et de la science, qui n'en profitent qu'indirectement. Un autre obstacle à l'étude des progrès dans la jurisprudence, c'est le caractère impersonnel des décisions judiciaires; il y manque une direction déterminée à l'avance par la volonté, et elles ne peuvent former un corps de doctrine que par un procédé artificiel, appliqué après coup, et qui a été étranger à leur formation.

Les travaux de la législation positive et de la doctrine, au contraire, nous montrent un progrès plus voulu, plus personnel. On y constate non-seulement la marche des idées abstraites, mais la pensée agissante qui a travaillé à les faire accepter. On sent l'homme derrière son œuvre.

Si maintenant on prend à part l'action du législateur, on la trouve plus directe et plus énergique ; elle s'impose avec une autorité souveraine ; elle est le guide de la jurisprudence et de la doctrine, dont les évolutions sont restreintes dans les limites qu'elle leur trace. Mais il ne faut pas trop donner à cette suprématie : souvent la voie que le législateur ouvre à la doctrine et à la jurisprudence s'élargit devant elles ; elles perfectionnent ce qu'il a seulement entrevu ; leur marche ne se manifeste pas, comme celle de la puissance législative, par des actes isolés et d'une vaste portée, mais par des travaux suivis et répétés dans une sphère restreinte ; elle consiste en progrès lents et successifs qui exigent moins d'autorité et trouvent moins de résistances. Et lorsque, comme dans notre ancienne jurisprudence, les lois ne forment pas un système homogène et complet, ces progrès de la doctrine ou des arrêts s'imposent peu à peu dans la législation ou en préparent les nouvelles décisions.

3. Telles sont les influences directes qui agissent sur le perfectionnement du droit. En étudiant le type du législateur et celui du jurisconsulte dans deux de leurs plus illustres représentants, nous verrons avec quelle puissance se sont exercées, au dix-huitième siècle, celles de ces influences qui se prêtent le mieux à une étude complète et définie. Mais ce que nous ne demanderons à l'initiative ni du législateur ni du jurisconsulte, pas plus qu'à l'action de la jurisprudence, ce seront les réformes radicales, le renversement de l'état social, si vicieux qu'il puisse être.

Le rôle du législateur et du jurisconsulte doit se restreindre, dans le présent, sur cette limite étroite qui sépare le passé de l'avenir ; leur influence est d'autant plus sûre qu'ils ne se perdent pas en tentatives aventureuses : ne point rester en retard, ne point courir trop avant, telle est la condition d'efficacité de leurs efforts. Quant à ces changements brusques et violents qui sont parfois nécessaires, ils ne sauraient être l'œuvre d'un jurisconsulte, ni même d'un législateur armé de pouvoirs ordinaires et réguliers : ils ne peuvent être que l'effort d'une société tout entière soulevée. L'innovateur qui n'est pas soutenu et emporté par un de ces irrésistibles mouvements doit s'attendre à rester impuissant, et même à perdre le bénéfice de ses réformes les plus légitimes. Mais à côté du progrès par voie de révolution, se trouve le progrès qui résulte du perfectionnement des institutions actuelles; ce progrès, tout individu a le pouvoir d'y contribuer dans une certaine mesure.

L'époque de *d'Aguesseau* et de *Pothier* pouvait offrir de dangereuses tentations aux esprits avides de perfectionnement et leur exagérer la portée des réformes possibles. Nous ne parlons pas ici de la constitution politique de la société : l'impuissance d'une volonté individuelle à y opérer une révolution était trop manifeste pour les contemporains eux-mêmes; la lutte était trop vive entre les idées et les intérêts contraires pour qu'une des autorités alors reconnues pût résoudre le problème. Mais la tentation d'innover était très-possible sur un autre point, dans la réforme et l'unification du droit privé : là, du moins, la révolution qui devait bientôt s'accomplir dans les faits était partout dans les esprits. Jamais on n'avait tant attaqué la multiplicité, l'incohérence de nos législations coutumières; jamais on n'avait réclamé avec tant d'insistance une loi uniforme pour toute la France.

On eût dit qu'il suffisait d'un trait de plume pour faire cette réforme; tout semblait y convier les législateurs, les jurisconsultes et les parlements.

Les parlements se tinrent presque complétement à l'écart du progrès. Quant aux législateurs et aux jurisconsultes, ils s'y prêtèrent mieux; mais ils surent comprendre que leur rôle devait différer de celui des publicistes, auxquels moins d'autorité imposait moins de réserve. Ils virent que renouveler le droit civil, le ramener à l'unité, ce ne serait pas toucher seulement à des intérêts privés, mais à une foule d'institutions sociales qui, à défaut d'autre résistance, avaient la force de l'inertie. Celui qui eût tenté contre elles une attaque prématurée eût été sûr de succomber, comme autrefois Michel de Marillac, dans son entreprise.

Les philosophes, les publicistes avaient leurs raisons d'être plus hardis, de devancer le temps dans leurs spéculations radicales; mais les hommes pratiques devaient aider le progrès sans en franchir les degrés intermédiaires.

4. Que firent donc les deux hommes dont nous avons à étu-

dier l'influence? Cherchèrent-ils à proclamer dès l'abord un principe d'unité ou de vastes changements dans la législation? Ils firent mieux : ils préparèrent ces réformes; ils leur fournirent dans le présent un point de départ; ils dégagèrent des institutions du passé les matériaux qui devaient servir à l'édifice de l'avenir. Leur œuvre devait rester utile, soit que, par le lent progrès des années, le droit marchât d'un pas égal à sa perfection, soit que, par un changement soudain, il se trouvât jeté dans de nouvelles voies.

Que serait-il arrivé si, au lendemain de la Révolution, quand il fallait tout reconstruire, on se fût trouvé en présence de cette législation incohérente et indigeste des coutumes? si, pour guide dans la confection des lois nouvelles, on n'eût eu que les réclamations des publicistes en faveur de l'unité, de la justice absolue, de l'accord des lois avec les progrès de l'esprit humain? Quel code fût sorti de là? On aurait détruit le chaos pour y substituer le vide; on ne fut même pas loin de le faire. Les projets de code présentés à la Convention nationale, et qui constituaient un système complet et développé, prenant sa base dans les travaux du passé, furent d'abord repoussés par les législateurs. On ne voulait admettre que des règles vagues et générales, plus semblables à des oracles qu'à des lois.

Mais quand on reprit l'œuvre d'une façon plus sérieuse, le législateur fut préservé d'un tel abus par la possibilité d'emprunter au passé la plupart de ses règles, malgré la différence des institutions. A qui le devait-il? A ces puissants et industrieux génies, qui avaient déjà débrouillé le chaos des lois anciennes, ou du moins avaient distingué l'élément général du vieux droit français au milieu de ce qui était accidentel ou local; ils avaient donné un ordre logique, une cohésion systématique à tout ce qui en était susceptible, et, impuissants à détruire les diversités de détail, ils les avaient au moins rejetées au second plan.

Le nouveau législateur pouvait désormais accomplir son œuvre; il avait besoin de trouver les principes supérieurs et élémentaires qui devaient en former la base, non pas formulés ou développés par la méthode abstraite des philosophes, mais déjà mis en œuvre et prêts à figurer dans une œuvre pratique. Ce travail, on le trouvait préparé dans de nombreux ouvrages, mais nulle part avec autant de perfection que dans ceux de Pothier et de d'Aguesseau.

5. Dans quelles circonstances s'étaient produits ces grands travaux ? Quelles influences les avaient entravés ou secondés ? Quelle avait été la part d'initiative et de puissance des deux esprits qui les avaient produits ?

Pour bien préciser la portée de cette recherche, il importe d'examiner d'abord l'état de la législation positive et de la science du droit à l'époque où parurent d'Aguesseau et Pothier, c'est-à-dire au commencement et au milieu du dix-huitième siècle.

En même temps que l'état de la législation, il faudra étudier celui des esprits, les idées alors régnantes sur le principe et l'unité des lois, l'influence qu'eurent ces idées sur d'Aguesseau et Pothier, et il sera ensuite permis de rechercher par quels moyens ils manifestèrent l'un et l'autre leur influence.

CHAPITRE PREMIER.

ÉTAT GÉNÉRAL DE LA LÉGISLATION ET DE LA SCIENCE DU DROIT AU COMMENCEMENT DU DIX-HUITIÈME SIÈCLE.

6. Eléments de la législation à l'époque de d'Aguesseau et de Pothier droit romain ; coutumes ; ordonnances.
7. Quel était le droit commun de la France ? Controverses.
8. Etat de la science du droit au dix-septième siècle. Domat.
9. Progrès de la législation ; stérilité de la science.
10. Les ordonnances de Louis XIV. Les arrêtistes. Ouvrages élémentaires sur le droit. Enseignement.

6. La première question à se poser ici, c'est de savoir quelles étaient les sources du droit à l'époque de Pothier et de d'Aguesseau. Les trois plus importantes étaient sans contredit : le *droit romain ;* — les *coutumes ;* — les *ordonnances des rois*. Nous ne parlons pas du *droit canonique*, qui réglait des matières toutes spéciales, et dont l'empire était circonscrit dans des limites assez bien déterminées.

Mais dans les trois éléments que nous signalons, et qui formaient le droit général, était-il bien facile de trouver un ensemble, un système unique et complet ?

Les ordonnances, d'abord, ne traitaient que des points détachés et touchaient moins, en général, aux principes intimes du droit privé qu'à la mise en œuvre du pouvoir judiciaire; elles avaient un caractère plus politique que civil. C'est un point sur lequel nous reviendrons en examinant l'œuvre du chancelier d'Aguesseau. Cependant les ordonnances avaient, au moins dans les derniers temps de la monarchie, un grand avantage sur les autres sources du droit : elles faisaient, la plupart du temps, une loi générale pour toute la France. L'antique résistance des parlements avait été à peu près étouffée par Louis XIV ; et les lits de justice les avaient forcés à enregistrer et à rendre obligatoires par toute la France les ordonnances des rois ; ils n'y opposaient plus qu'une force d'inertie, en s'abstenant de les appliquer autant qu'ils le pouvaient ; mais, au moins, n'était-ce plus qu'une question de pratique, de temps et de direction administrative. Avec quelque changement des hommes et des habitudes, les ordonnances devaient fournir un point de départ assuré pour le progrès dans l'unité de législation.

Mais ce caractère d'unité se retrouvait-il dans les autres éléments de notre droit, dans le droit romain et les coutumes ? Ces deux législations ne pouvaient pas évidemment régner ensemble, en se complétant toujours l'une par l'autre : combien de leurs dispositions étaient non-seulement diverses, mais tout à fait opposées ! D'autre part, elles ne formaient pas non plus deux législations complètes chacune de leur côté, et dont les limites territoriales fussent parfaitement fixées. La distinction des pays de droit écrit et des pays coutumiers était vraie dans son ensemble : si on descendait dans les détails, on rencontrait une foule de difficultés.

Dans les pays de droit écrit eux-mêmes, il y avait des coutumes locales, des jurisprudences variables selon les parlements, qui modifiaient les principes généraux du droit romain. Le droit romain était d'ailleurs tombé en désuétude sur bien des points ; la pratique, modifiée par les institutions féodales et par les ordonnances, soulevait nombre de questions qu'il n'avait pas prévues ; enfin, malgré son système savant et complet, il offrait des lacunes que devait combler le droit coutumier, et il embarrassait parfois les déductions de la pratique par des subtilités dont le principe était dans des institutions disparues et qui n'avaient plus d'analogues.

Pour les coutumes, c'était bien pis encore : elles variaient de province à province, quelquefois de village à village. La distinction des coutumes générales et des coutumes locales était purement artificielle ; toutes, générales ou locales, étaient incomplètes, passaient sous silence des points d'une importance majeure, ou se contredisaient mutuellement.

Que faire, sitôt qu'on sortait d'un texte précis ? Il fallait ou compléter les coutumes par le droit romain, tout en leur conservant leur esprit général, ou, au contraire, les subordonner à ce même droit romain ; car, les en isoler complétement était chose impossible. Mais, pour se décider à donner au droit romain un rôle secondaire ou dominant, il fallait prendre parti dans une question très-débattue, celle de savoir quel était le droit commun de la France.

7. Quel était donc ce droit commun au commencement du dix-huitième siècle ? Quelles règles fallait-il suivre dans les cas si nombreux où les statuts locaux étaient muets, et qui comprenaient parfois des parties tout entières de la législation ? La solution de ce problème n'était pas moins utile au législateur qu'au magistrat et au jurisconsulte, car le législateur ne peut, du jour au lendemain, déplacer la base même des lois ; il s'exposerait ainsi à choquer bien des intérêts qu'il ne verrait pas, ou à introduire pour l'avenir des principes insuffisants et dangereux qui n'auraient pas subi le contrôle de l'expérience.

La question de savoir où se trouvait le droit commun de la France, où il fallait en chercher les principes élémentaires, avait été vivement controversée au seizième siècle. Cujas et son école avaient cru voir dans le droit romain la base de nos institutions juridiques. Dumoulin, par la puissance de son génie, avait dégagé du droit coutumier un système complet, ayant ses caractères propres et distincts, malgré la diversité apparente des détails ; il y avait trouvé cachée l'unité qui éclatait dans les recueils de la jurisprudence romaine ; il avait, en un mot, proclamé l'existence d'un droit national, formé sous des influences germaniques ou françaises, et qui ne devait pas chercher ses principes dominants dans une législation importée par l'étranger.

Le système de Dumoulin avait fini par triompher, au moins dans les pays de coutumes. Cependant, au dix-septième et au dix-huitième siècles, on trouve encore des auteurs coutumiers, des partisans des coutumes locales, qui regardent le droit romain comme le droit commun de la France : on peut en voir la longue énumération dans la dissertation mise par Bretonnier en tête des œuvres d'Hemys. A plus forte raison, les romanistes refusaient de voir dans les coutumes un système, même à l'état virtuel, qui pût se suffire à lui-même et servir de base à la jurisprudence. A l'appui de leur prétention, ils pouvaient citer des arguments de toute sorte, tirés de l'histoire et du consentement unanime de presque tous les anciens auteurs. Ils triomphaient surtout devant l'incohérence de ces innombrables coutumes, leurs lacunes, leurs contradictions, leur silence sur les principes généraux du droit. Au contraire, ils montraient dans le droit romain un corps de doctrine, un ensemble de théories d'où l'on pouvait déduire toutes les applications, et auquel tous les rois, depuis Charles le Chauve jusqu'à Henri IV, avaient donné dans leurs ordonnances le titre de *droit commun*.

Écoutons maintenant les concessions que devaient faire les successeurs de Dumoulin, les partisans du droit coutumier. L'un des plus déclarés, Bourjon, dans la préface de son ouvrage sur le *droit commun de la France*, s'exprimait en ces termes :

« On regarde la Coutume de Paris comme une des coutumes les mieux rédigées. Cependant, comme les autres, *elle suppose une loi générale*, et, par suite de cette supposition, elle laisse ignorer les matières les plus importantes, même les principes capitaux de celles qu'elle comprend ; mais sa lettre conduisait à son esprit, et ce dernier ne laissait rien à désirer que d'être rendu sensible. »

Qu'est-ce à dire ? Que le droit commun de la France, dans son expression matérielle, n'a pas de formule générale ; qu'il ne se révèle que par des applications, des espèces, c'est-à-dire le plus souvent par des exceptions; car, pour emprunter ici une idée des philosophes, toute application particulière est une dérivation d'un type, et elle y forme en même temps une exception, par cela seul qu'elle est d'une nature individuelle, impuissante à reproduire la généralité de son idée originaire. Or c'était précisément dans ces particularités, variables selon les coutumes, qu'il fallait reconnaître un esprit commun, une règle universelle. C'était par un ensemble d'exceptions qu'il fallait retrouver le type de la législation coutumière : vaste travail d'induction et de généralisation auquel avaient à peine suffi la haute intelligence et la vie laborieuse de Dumoulin. Après ce travail seulement, l'auteur que nous avons cité pouvait ajouter :

« La Coutume de Paris, mise dans cet ordre et traitée par ces principes, sera aussi complète, aussi satisfaisante, par rapport à la régie des biens particuliers, que le droit romain ; la lumière et l'équité naturelle ne l'animeront pas moins. On y découvrira une politique sage par l'établissement de la communauté de biens entre conjoints par mariage, qui les conduit par l'intérêt à la paix domestique ; par l'établissement des propres, dont l'effet contribue à la splendeur de l'état, en conservant les biens dans les familles qui le composent. On y reconnaîtra que dans l'ordre de succéder, elle est plus conforme au penchant de la nature ; que dans les incapacités qu'elle établit, elle est plus salutaire que le droit romain, plus simple dans les actions, plus uniforme dans les proscriptions, plus prévoyante dans les effets de l'hypothèque et du douaire, plus humaine et plus égale dans la légitime, plus judicieuse dans les facultés de disposer, plus compatissante envers les malheureux dans les décrets et dans la dépossession de biens. »

Voilà par où les partisans du droit coutumier avait raison. Cet ensemble imposant d'institutions juridiques, complétement étrangères au droit romain, et si intimement assimilées aux mœurs de nos contrées qu'elles en étaient comme la vie journalière, cet ensemble, indiqué par quelques traits dans la coutume écrite, méritait, en effet, de les faire considérer comme le droit commun de la France et répondait victorieusement aux railleries des romanistes. Mais il y avait, il faut en convenir, dans les variations locales de ces institutions quelque chose de décourageant ; à côté du système général si longtemps contesté, se trouvaient des détails innombrables ; il fallait recourir dans la pratique à l'influence du droit romain, tout en la repoussant en théorie. Tout le résultat obtenu par l'école de Dumoulin était qu'on ne l'employât plus comme droit impératif, mais comme raison écrite et comme motif de décision.

Ferrière, dans son commentaire sur la Coutume de Paris, a assez bien marqué l'état définitif du droit. Après avoir démontré par l'autorité des ordonnances de Philippe le Hardi (1277), de

Philippe le Bel (1304), par celle de Dumoulin (sur la Coutume de Paris, n° 110), de Coquille, de Mornac (sur la loi 9, ff., *De justitia et jure*), de Leprestre (Centurie III, chap. LXXXV), etc., que les coutumes forment le droit commun de la France, il ajoute :

« On n'a égard au droit romain qu'en tant qu'il est conforme à la raison et à l'équité, et les juges s'en écartent quand ils le jugent à propos. Les coutumes de France sont le droit général de la France, non pas qu'une coutume ait autorité de loi dans une autre province.....; d'où il s'ensuit qu'on ne doit se servir d'une coutume voisine pour la décision d'une question, au défaut de la coutume des lieux, qu'en tant que sa décision se trouve très-juste et très-raisonnable, et plus conforme à l'inclination et aux mœurs des habitants de la province ; en sorte que si la disposition du droit romain se trouve plus juste, elle doit être préférée, sans obligation néanmoins. »

On voit combien d'arbitraire permettait un tel système d'éclectisme facultatif, combien il laissait à faire aux jurisconsultes pour extraire de la fusion rationnelle du droit romain et du droit coutumier une législation solide et homogène.

8. Jusqu'ici nous avons examiné l'ancien droit d'une façon abstraite dans ses sources principales, dans ses forces génératrices. Auprès des principes, il faut voir les faits, les progrès accomplis dans la législation, la doctrine et la jurisprudence. Nous avons expliqué comment la doctrine et la jurisprudence viennent compléter et faire progresser les lois, la première par une interprétation scientifique, la seconde par une application aux affaires de chaque jour.

Nous avons aussi indiqué pourquoi la jurisprudence échappe à l'analyse bien plus que la doctrine (car, si on peut fixer les époques après lesquelles on la voit en progrès, il est difficile de discerner si la jurisprudence a elle-même donné l'impulsion ou si elle a suivi des influences étrangères). Nous aurions pu faire dans la législation elle même une distinction analogue : la coutume, comme la jurisprudence, échappe à l'analyse ; c'est une œuvre collective et non personnelle ; au contraire, dans les lois écrites, dans les ordonnances des anciens rois, dans nos codes, on peut mesurer l'intensité d'une action personnelle. Dans notre travail, nous aurons cette double étude d'une doctrine et d'une législation personnelle, dont il sera facile de constater l'influence directe sur les contemporains et sur l'avenir.

Mais il faut, pour en bien faire saisir la portée, indiquer à quel point en était arrivée la science du droit dans ses diverses manifestations, à l'époque de Pothier et de d'Aguesseau.

Une observation frappe l'esprit quand on étudie les derniers siècles de l'histoire du droit français. Après le grand mouvement qui se produit dans le seizième siècle et se prolonge pendant la première partie du dix-septième, on rencontre une stérilité relative dans la science du droit à la fin du dix-septième siècle.

Après les grands travaux des écoles de Cujas et de Dumoulin, dont les commentaires et les traités ont éclairé toutes les parties du droit, on ne trouve plus que des noms obscurs. Le seul qui domine encore la science est celui de Domat.

Domat, philosophe autant que jurisconsulte, conçut la pensée de rattacher l'unité du droit à l'unité de la justice absolue, et de retrouver les principes des institutions civiles dans ceux de la morale. Il dut rechercher, dans chacun des détails de notre ancienne législation, la raison philosophique qui pouvait le motiver, les principes généraux auxquels il fallait le subordonner; et comme résultat, dans la vaste synthèse de son *Traité des lois civiles*, il présenta tout l'ensemble du droit dans un ordre méthodique et comme dans une série de déductions rationnelles. Sous sa main, les coutumes, le droit romain, les ordonnances, tout se fond dans un harmonieux ensemble et se déduit d'un ordre de principes plus élevé. Les diversités qui séparent les coutumes, et qui d'abord pourraient sembler l'objet principal des études juridiques, parce qu'elles occupent plus de place dans les textes, sont au contraire reléguées sur un plan secondaire. La première place est réservée à ce droit général, sous-entendu par les lois positives, et qui en forme la base solide et cachée.

Tel est le plan de Domat. Essentiellement dogmatique, il n'a rien du commentaire, qui s'attache au texte pour en pénétrer la lettre et l'esprit, qui n'a recours aux principes généraux que d'une façon accessoire. De là une grande supériorité pour la méthode dogmatique, mais quelquefois aussi un désavantage. La science du droit a besoin de précision dans ses moindres détails; or, dans le travail de rapprochement et de généralisation que suppose la méthode dogmatique, bien des points accessoires peuvent échapper au jurisconsulte le plus consommé; le détail perdra ainsi ce que gagnera l'ensemble, et l'étendue de la science pourra nuire à sa sûreté. Combien ce danger était-il plus grand encore dans l'état où Domat trouvait la législation de son temps ! Aujourd'hui que nous avons des textes précis, uniformes, complets, le jurisconsulte qui les possède peut impunément aborder la méthode dogmatique : lors même qu'il paraîtra le plus éloigné du plan de la loi, il sera soutenu par la nécessité de s'accorder avec le texte. A l'époque de Domat, c'était autre chose : il fallait dégager et ramener dans un ordre naturel des principes confondus, entremêlés, parfois incertains, et presque créer la science en même temps que l'ordonner.

Il fallut donc à Domat un talent supérieur pour mériter l'éloge de Boileau, qui le remerciait « de lui avoir montré le premier un plan et une sagesse cachés dans la science du droit, » et pour obtenir en même temps les suffrages des jurisconsultes par l'exactitude de ses décisions. Si on peut lui reprocher quelques inconvénients presque inséparables de la nouveauté et de la grandeur de son entreprise, un peu de vague parfois dans la doctrine ou dans les expressions, des opinions un peu aventurées et en désaccord avec la pratique, une tendance à se rapprocher trop souvent du droit romain, qui offre des matériaux mieux préparés, et à sacrifier le droit coutumier, son *Traité des lois civiles* n'en reste pas moins l'œuvre d'un esprit puissant et d'un vrai jurisconsulte.

9. En même temps que cette œuvre était un monument et un résumé de la science déjà acquise, elle devait être aussi un point de départ. Dans les sentiers aplanis de la science, on devait s'attendre à voir apparaître de nouveaux explorateurs qui pousseraient plus avant encore : on pouvait déjà espérer Pothier. Cependant un long silence le sépare de Domat. On ne trouve dans l'intervalle que deux ou trois bons jurisconsultes, et encore sans originalité. Ce sont des commentateurs ou des auteurs de traités spéciaux.

C'est qu'un autre travail est en voie d'accomplissement. Deux faits dominent le droit pendant la seconde partie du dix-septième siècle : des ordonnances nouvelles et des recueils d'arrêts. Ce double mouvement, qui a pris naissance au commencement du siècle, devient surtout remarquable dans la deuxième partie, au milieu de la stérilité presque générale.

Apprécions en peu de mots le rôle de ces deux sources du droit, et l'état de choses qui en était résulté.

Quel était le but et la tendance générale des ordonnances royales au dix-septième siècle ? Était-ce, comme dans plusieurs ordonnances du siècle précédent, le règlement des matières de droit civil ? Non. L'on trouve sans doute, dans les ordonnances de Louis XIII et de Louis XIV, nombre de dispositions sur le droit civil ; mais la tendance en est surtout politique et administrative.

La grande ordonnance de 1629 (Code Michaud) avait eu pour but principal d'établir le pouvoir royal au-dessus de tous les pouvoirs locaux, de ramener les municipalités à l'organisation de celle de Paris, de régler uniformément l'administration de la justice, etc. On y trouvait bien aussi quelques dispositions sur le droit maritime et commercial, qu'on voulait ramener à l'unité ; mais c'est là une matière qui, à cette époque surtout, touchait à l'ordre politique et à l'économie générale du pays presque autant qu'aux intérêts privés.

Le Code Michaud tomba en discrédit et ne fut pas exécuté ; mais l'esprit qui l'avait dicté se réveilla sous Louis XIV : la souveraineté du pouvoir royal, l'unité dans la direction à donner à la conduite des intérêts généraux, tel fut le but des ordonnances de Louis XIV.

L'ordonnance de la procédure civile (1667), celle de l'instruction criminelle (1670), celle du commerce (1673), celle de la marine (1681), ne furent en réalité que de grands règlements d'administration publique.

Cependant, par une conséquence nécessaire, le droit privé s'acheminait vers l'unité. Ce point est évident pour les ordonnances du commerce et de la marine, dont le caractère mixte s'appliquait aux intérêts publics et privés. Les ordonnances sur la procédure civile et l'instruction criminelle préparaient aussi l'unité, en accoutumant les tribunaux à recevoir du pouvoir central des inspirations et des lois, à renoncer peu à peu à ces diversités qui donnaient à chaque corps judiciaire sa physionomie particulière.

L'unité nationale était ainsi parvenue à se faire jour dans la législation, et la Révolution, en supprimant les parlements pour établir une justice unique et centralisée, ne fit qu'achever l'œuvre commencée sous Louis XIII et Louis XIV.

Les changements introduits par les ordonnances étaient peut-être une des causes de la stérilité de la doctrine. La théorie du droit, pour acquérir son entier développement, a besoin d'être mûrie par le temps, éclairée par la pratique; les commentaires qui suivent de près une loi nouvelle ont, en général, un caractère éphémère et transitoire; d'ailleurs, la discussion est quelquefois nécessaire à la science; or les lois nouvelles n'en sont guère susceptibles, et tous les législateurs sont un peu comme Justinien : ils ont la prétention d'épuiser leur sujet et de ne rien laisser au commentaire.

L'activité, momentanément bannie de la doctrine, s'était réfugiée dans les recueils de jurisprudence. « Il paraît, dit Fournel, que le goût dominant des jurisconsultes de cette époque se tourna vers les compilations d'arrêts et les recueils de plaidoyers. C'est dans ce siècle qu'on trouve cette foule d'arrêtistes qui encombrent les bibliothèques de jurisprudence, tels que ceux-ci :

« 1602, Monluc. — 1602, Chenu. — 1602, Charier, sur Guy-Pape. — 1606, Duvair. — 1612, Barnabé Levert. — 1617, de Larocheflavin. — 1618, Maynard. — 1629, recueil de Néron et Giraud. — 1622, Bellordeau. — 1625, Anne Robert. — 1628, Bouvet. — 1628, Jacques Corbin (Code Louis XIII). — 1630, Laurent Boucheul. — 1631, Tournet. — 1631, Filleau. — 1636, Expilly. — 1643, Louet (depuis allongé par Brodeau). — 1645, Leprestre. — 1646, Dolive. — 1647, Bouguier. — 1654, Dufail. — 1664, Catelan. — 1668, Guy-Baxel. — 1669, Desmaisons. — 1670, Boniface. — 1672, *Journal du Palais*. — 1675, La Peyrière. — 1680, *Journal des Audiences*. — 1681, Cambolas. — 1682, Soëfve. — 1684, Frouin. — 1686, Albert. — 1692, Laville. » Et la liste se continue encore pendant le dix-huitième siècle.

Cette prédominance de la jurisprudence, qui apparaît à certaines époques comme un hommage rendu à l'autorité, est un signe du progrès dans les décisions judiciaires; elle montre qu'elles obéissent à des règles plus fixes et peuvent prendre place dans la science, et au besoin les suppléer.

10. Les quelques ouvrages qu'on voyait à la même époque, en dehors des recueils de jurisprudence, s'en rapprochaient par un côté, par le caractère pratique. Les études de droit n'étaient pas éteintes, mais n'avaient plus un objet aussi élevé qu'au siècle précédent. Alors se produisent des ouvrages aujourd'hui oubliés, de véritables manuels ou abrégés, qui prennent volontiers le nom de *pratique, praticien*. Ce sont quelquefois des commentaires des ordonnances de Louis XIV; d'autres fois, des résumés, des éléments du droit. Ces ouvrages ont leurs mérites : ils sont facilement maniables, initient rapidement aux principes fondamentaux et suffisent pour la pratique. Dans la même catégorie se placent les *Institutes*, petits traités à l'usage des écoles, dont Loysel avait donné le modèle au seizième siècle. D'Aguesseau lui-même, indiquant à son fils les ouvrages qui lui seront utiles pour préparer sa thèse, lui recommande, pour une étude préliminaire et un peu superficielle, les *Règles* de Loysel, et les *Institutes* de d'Argout.

Pourquoi ces ouvrages sont-ils oubliés? Ils étaient clairs et usuels, comme ceux de Domat et de Pothier; mais leur vice est dans leur brièveté, qui ne leur permet pas d'aborder à la fois la région des principes et celle de la pratique. Ils doivent disparaître dès que la législation a changé.

Si les études de droit, malgré leur stérilité générale, trouvaient encore quelque aliment dans les ouvrages de doctrine et de jurisprudence, l'*enseignement*, ce premier instrument de la propagation des connaissances, était loin d'atteindre même à cette hauteur relative. Voici ce que dit sur ce point un judicieux biographe de Pothier, Letrosne :

« Les professeurs qui occupaient alors les chaires de l'Université, absolument indifférents au progrès des jeunes gens, se contentaient de leur dicter quelques leçons inintelligibles et qu'ils ne daignaient pas mettre à leur portée. Ce n'était pas proprement la science du droit qu'ils enseignaient; ils ne présentaient de cette science que ces épines et ces contrariétés qui lui sont étrangères, et qui n'y ont été introduites que par la mauvaise foi et l'incapacité des rédacteurs des *Pandectes*. Au lieu d'expliquer les textes d'une manière propre à instruire, ils ne remplissaient leurs leçons que de ces questions subtiles inventées et multipliées par les controversistes. »

Tel était, dans ses traits principaux, l'état de la science du droit à l'époque où parurent Pothier et d'Aguesseau : la législation en progrès, mais plutôt au point de vue de l'administration qu'à celui du droit privé; la doctrine presque stérile depuis Domat; la jurisprudence en honneur; l'enseignement abaissé : mais, partout, le terrain assez bien préparé pour recevoir les germes d'une science plus parfaite.

CHAPITRE II.

DES IDÉES DU DIX-HUITIÈME SIÈCLE SUR L'UNITÉ ET LES PRINCIPES DE LA LÉGISLATION, ET DE LA PART QU'Y EURENT POTHIER ET D'AGUESSEAU.

11. Théories philosophiques du dix-huitième siècle sur les principes du droit.
12. Unité de législation. Idée politique.
13. Vues particulières de d'Aguesseau sur les principes et l'unité de la législation.
14. Inspirations suivies par Pothier.
15. Position spéciale de Pothier et de d'Aguesseau au milieu de leur siècle.
16. Résumé. Transition.

11. A côté de l'état du droit existant, il faut voir l'état des idées : c'est le germe des progrès futurs. L'avenir est dans le présent, comme le présent dans le passé.

Le dix-huitième siècle fut une époque de lutte. Il prépara la révolution qui changea les bases de la société civile; il devait donc mettre au jour des idées nouvelles sur le droit, qui est la vie même des sociétés.

La recherche des principes de la législation, la question de l'unité des lois, furent alors deux objets qui attirèrent tous les esprits. Nous avons précisément en face de nous deux hommes qui ont à la fois contribué au perfectionnement des principes de la législation et à l'avénement de son unité. Il faut donc chercher en quoi ils ont pu subir l'influence des idées de leur temps sur les deux points qui nous occupent; en quoi ils ont pu servir ces idées; en quoi, au contraire, ils s'en séparaient.

Aux projets de réforme législative de cette époque on voit

une double origine : d'une part, ce sont les *doctrines philosophiques*, d'autre part, les *idées politiques*. Elles se contredisaient souvent, mais aussi se rapprochaient sur le terrain de la pratique.

Quant aux *doctrines philosophiques*, elles avaient pour fondement la critique, la négation de l'autorité. L'homme, d'après la philosophie nouvelle, doit marcher seul, sans autre guide ni autre maître que sa raison, dans la découverte de la vérité. Il doit faire abstraction de toute connaissance qu'il n'ait pas trouvée, de toute autorité qu'il n'ait pas créée avec ses propres forces. Ni vérité, ni loi révélée. Aucune religion, aucune tradition séculaire ne peuvent servir de consécration à une proposition ni à une institution : toutes doivent subir le contrôle de l'examen, comme s'il fallait les établir à nouveau et avec les forces actuellement agissantes. Or, parmi ces forces, la philosophie refuse de voir aucune autre autorité que la puissance et la raison humaines, toujours égales à elles-mêmes, et l'action inintelligente et immuable des lois naturelles; elle en conclut qu'il n'a jamais existé d'autre autorité. L'homme est donc né sans lois. Celles qu'il a, il se les est faites à lui-même; il n'a pu les recevoir d'une puissance supérieure, à moins que ce ne soit la force ou la ruse de ses semblables. Conséquemment, si celui qui les a imposées ou qui en a profité cesse d'être le plus fort ou le plus rusé, ses lois restent sans fondement; elles ne sauraient se soutenir par leur autorité propre, ou comme appuyées sur une loi supérieure et invisible.

La philosophie nouvelle conclut-elle de là à la destruction totale de la loi positive ? Non, sans doute; elle se contente de la dépouiller de son prestige, de lui refuser le caractère de représentation d'un principe supérieur. La loi reste, mais en tant que création humaine. Et comme les hommes, dans leurs rapports mutuels, n'ont d'autre supériorité les uns sur les autres que la force ou l'intelligence individuelle, comme aucun d'eux ne peut se prévaloir d'une mission particulière ou d'un pouvoir surnaturel, la loi n'aura d'autre autorité que celle des personnes qui l'auront inventée ou acceptée. Telle est l'idée fondamentale du dix-huitième siècle sur la loi. Cette idée n'est pas d'origine française; elle avait pris naissance chez les philosophes anglais; et elle est très-digne de cette nation pratique qui n'est pas dupe de son respect pour ses propres institutions; car elle sait fort bien qu'elle les a faites elle-même, sans autre inspiration que son unique avantage, et que les honneurs dont elle les entoure sont simplement une approbation de son propre ouvrage et un moyen de le consolider.

La loi, le droit étaient donc considérés comme l'œuvre des individus; mais ce droit de création humaine, seul reconnu par le dix-huitième siècle, quel caractère fallait-il y chercher? A quel signe le reconnaître? Ici les philosophes se divisaient. Pour les uns, le signe distinctif du droit, c'était uniquement la *force* actuelle : telle avait du moins été la théorie brutale de Hobbes, restée à peu près sans écho en France. Pour d'autres, c'était un *contrat*, exprès ou tacite, qui avait présidé à la formation des sociétés, et dans lequel le premier acte de chaque volonté individuelle avait été d'abdiquer au profit de la majorité. Pour le plus grand nombre enfin, le droit avait pour caractère et pour fondement l'*utilité*; il était simplement l'ensemble des moyens imaginés par l'homme pour rendre le plus avantageuses possibles ses relations avec ses semblables. « *Conservation* et *tranquillité*, disait Filangieri en tête de sa *Science de la législation*, tel est l'objet unique de la législation. »

Toutes ces théories avaient un caractère commun. Elles prenaient pour point de départ l'humanité actuelle; elles ne faisaient pas du droit quelque chose d'extérieur, existant *per se*, en vertu d'une révélation ou même d'une idée du devoir; elles l'appuyaient sur le droit concret de l'individu et le présentaient à l'homme comme un but matériel à atteindre, une satisfaction d'intérêts à s'assurer. L'hypothèse nécessaire de ce système, c'était l'égalité naturelle des hommes, puisque la formation de l'autorité parmi eux était présentée comme une œuvre humaine et factice. En même temps, montrer à chacun qu'il avait qualité pour faire et défaire le droit, sans autre préoccupation et sans autre but que son intérêt limité par celui d'autrui, c'était donner à l'idée de justice un levier puissant, c'était intéresser et passionner tout le monde pour cette idée. sitôt que les lois ou les décisions judiciaires frappaient à tort une classe ou un individu : tous se sentaient solidaires dans la réunion d'intérêts qui forme la société humaine.

Aussi jamais, malgré l'égoïsme de ces temps, ne vit-on

pareille ardeur pour la justice et l'humanité; jamais l'iniquité fondée sur le préjugé ne fut plus énergiquement réprouvée.

Ce système de philosophie réclamait naturellement la réforme d'une législation faite dans un tout autre esprit, sous l'inspiration d'un principe d'autorité. Néanmoins, dans le plan de cette réforme, il y avait des points sur lesquels les théories nouvelles pouvaient facilement s'accorder avec les anciennes, c'étaient ceux qui, sans toucher à la constitution de l'Etat, reposaient sur des besoins économiques et sur le règlement le plus avantageux des rapports des particuliers. Le droit privé était ce terrain neutre où tout le monde pouvait se rencontrer dans la recherche du bonheur des hommes; l'éveil des idées économiques, secondé par la philosophie, devait donner à la législation une favorable impulsion.

12. Il en devait être à peu près de même dans la question de l'unité de législation. La théorie philosophique, qui cherchait dans l'utilité de l'homme le principe du droit, réclamait une législation appropriée aux individus et aussi uniforme que leurs besoins; mais elle n'allait pas jusqu'à l'unité absolue. Ce que dit à ce sujet Montesquieu est remarquable. Comme philosophe, sa théorie favorite était l'influence de la diversité des climats sur le tempérament et, par conséquent, sur les lois. Comme magistrat, il avait le sens pratique des difficultés que soulèverait l'unification des lois. « Il y a, disait-il, de certaines idées d'uniformité qui saisissent quelquefois les grands esprits (car elles ont touché Charlemagne), mais qui frappent infailliblement les petits. Ils y trouvent un genre de perfection qu'ils reconnaissent, parce qu'il est impossible de ne pas le découvrir : les mêmes poids dans la police, les mêmes mesures dans le commerce, les mêmes lois dans l'état, la même religion dans toutes ses parties. Mais cela est-il toujours à propos, sans exception? Le mal de changer est-il toujours moins grand que le mal de souffrir? Et la grandeur du génie ne consisterait-elle pas mieux à savoir dans quel cas il faut l'uniformité et dans quel cas il faut des différences?... Lorsque les citoyens suivent les lois, qu'importe qu'ils suivent la même? » Voltaire reconnaissait également la diversité des lois nécessaire selon la diversité des lieux.

Mais, au point de vue de l'utilité, l'unité n'en était pas moins réclamée dans des limites plus restreintes. L'incohérence de notre ancienne législation frappait tous les yeux. On y voyait une source d'obscurité et d'arbitraire, en même temps qu'on regardait la certitude comme la première condition d'une bonne législation. Voltaire n'épargnait point ses railleries à des lois dont un voyageur, en France, changeait aussi souvent que de chevaux de poste.

La même idée était reproduite dans l'*Encyclopédie*, v° Lois :

« Ne serait-il pas plus naturel que chaque Etat se fût fait des lois particulières et nationales, qu'il fût gouverné par ses propres lois, et qu'il n'y eût dans toute la monarchie qu'une règle uniforme ? Il y a trop peu et trop de lois en France : il y en a trop peu, parce que les Français se servent des lois étrangères en plusieurs cas : il y en a trop, parce que chaque province, chaque canton, et souvent chaque ville a ses usages particuliers; chaque coutume a ses commentateurs, et chaque livre de droit ses gloses... Qu'est-ce qu'une loi dont la justice locale et dont l'autorité bornée, tantôt par une montagne, tantôt par un ruisseau, s'évanouit, parmi les sujets d'un même Etat, pour quiconque passe le ruisseau ou la montagne ? »

Les doctrines philosophiques se trouvaient sur ce point d'accord avec l'*idée politique* qui guidait les hommes d'Etat de la royauté. Leur but constant avait été d'établir l'unité nationale sous la domination souveraine des rois. Presque nécessairement, l'uniformité des lois leur apparaissait dans l'avenir comme l'entreprise où s'achèverait leur œuvre. « L'unité de législation, disait Colbert à Louis XIV, serait assurément un dessein digne de la grandeur de Votre Majesté, et qui lui attirerait un abîme de bénédictions et de gloire. » Lamoignon avait secondé ce mouvement de tout son zèle et de tout son talent, notamment dans la préparation de l'ordonnance de 1669.

Comme la philosophie du dix-huitième siècle n'attaquait point le principe de la royauté, ou tout au moins la jugeait assez solide pour défier ses attaques, elle cherchait seulement à en faire l'instrument des réformes qu'elle sollicitait; et ainsi, elles conspiraient ensemble pour l'unité de législation, de même que pour beaucoup de réformes de détail. La grandeur de la France et la prospérité des habitants étaient le but commun des hommes d'Etat, des philosophes et des économistes.

13. Jusqu'à quel point Pothier et d'Aguesseau entrèrent-ils dans le mouvement général ?

On peut dire tout d'abord qu'ils répudiaient les doctrines de la philosophie nouvelle sur les principes mêmes du droit. Ils se rattachaient tous deux aux traditions du dix-septième siècle, aux idées de foi et d'autorité. Tous deux étaient disciples de Domat, et ils avaient accepté la formule de ce jurisconsulte formé à l'école de la religion :

« On ne peut prendre une voie plus sûre et plus simple pour découvrir les premiers principes des lois, qu'en supposant deux premières vérités qui ne sont que de simples définitions :

« L'une, que les lois de l'homme ne sont autre chose que les règles de sa conduite;

« Et l'autre, que cette conduite n'est autre chose que la démarche de l'homme vers sa fin. »

Comme conséquence de ces principes, Domat ajoutait que les païens n'avaient pu avoir la connaissance du droit, tant il le rattachait étroitement à la religion !

Moins absolues peut-être, les doctrines de d'Aguesseau et de Pothier étaient de la même nature. Quant à d'Aguesseau, on en trouve dans ses œuvres vingt exemples :

« Tout devient flottant et incertain dans la morale, disait-il, s'il n'y a pas une règle naturelle, immuable, antérieure à toutes les institutions positives, laquelle sépare le juste de l'injuste. Ebranler ce premier principe, c'est fournir des armes à l'impiété, attaquer l'existence de Dieu, ou en défigurer l'idée. Les lois positives ne peuvent tenir lieu de cette justice primitive et éternelle, qui en est l'exemplaire et le fondement. Ce n'est pas non plus dans le désir naturel de sa conservation ou de son bien-être que l'homme peut trouver une règle sûre, capable de le conduire à travers les écueils et les périls jusqu'à sa véritable destination. Il n'y a qu'une justice naturelle, antérieure à toutes les institutions positives, qui puisse donner la véritable mesure de nos devoirs et une notion juste des vertus et des vices. »

De cette constance du droit naturel, d'Aguesseau est entraîné vers celle du droit positif, qui en doit être le reflet. Par cette vue d'un droit invariable, établi dans une région supérieure, il s'élève à une unité bien plus complète que les philosophes qui l'entourent : l'unité du droit universel, et non pas seulement l'unité du droit français. Dans la pratique, il est de plus animé par l'idée politique qui avait inspiré ses prédécesseurs; il la poursuit avec persévérance. Malgré tout pourtant, il va moins loin que les projets de réforme qui s'agitent autour de lui, car il se trouve en face des difficultés d'exécution, et il en connaît toute la portée.

Ses grandes ordonnances sont consacrées à remplir les différentes parties d'un cadre où devait enfin se trouver réuni tout l'ensemble du droit, comme dans un véritable corps de lois. Les donations, les testaments, les substitutions, les hypothèques, les diverses prescriptions, le prêt à intérêt, les rentes, les cessions de droits litigieux, la tutelle, la puissance paternelle, etc., l'avaient successivement préoccupé. Outre les ordonnances qui ont réglé les premiers de ces points, et que tout le monde connaît, on trouve à la Bibliothèque impériale la plupart des ébauches des autres projets de lois parmi les manuscrits de d'Aguesseau.

L'idée d'un vaste corps de lois uniformes se retrouve dans le préambule de l'ordonnance des donations, de 1731, où d'Aguesseau fait ainsi parler le prince :

« La justice devrait être aussi uniforme dans ses jugements que la loi est une dans ses dispositions, et ne pas dépendre de la différence des temps et des lieux, comme elle fait gloire d'ignorer celle des personnes. Tel a été l'esprit de tous les législateurs; il n'est point de lois qui ne renferment le vœu de la perpétuité et de l'uniformité, etc.

« Nous aurions pu la faire cesser (la diversité de jurisprudence) avec plus d'éclat et de satisfaction pour nous, si nous eussions différé de faire publier le corps des lois qui seront faites dans cette vue jusqu'à ce que toutes les parties d'un projet si important eussent été achevées; mais l'utilité qu'on doit attendre de la perfection de cet ouvrage ne saurait être aussi prompte que nous le désirerions, etc. »

Les tendances de d'Aguesseau vers l'unité, quelque prononcées qu'elles fussent, n'étaient donc pas empreintes de l'esprit d'impatience qui animait son époque. En marge d'un projet qui lui fut adressé, en 1731, par un jurisconsulte de Bourgogne, Vaucher, afin d'établir une seule coutume pour tout le royaume, d'Aguesseau a mis en note : « Dessein trop vaste, et qu'on ne peut exécuter, du moins, que par parties. »

Cette exécution par parties fut la constante occupation de sa vie. Si elle n'était pas plus avancée à sa mort, il faut l'attribuer à la maturité qu'il apportait dans chacune de ses réformes, et qui n'en a laissé aucune infructueuse.

14. Quant à Pothier, ses principes et ses aspirations ne se formulent pas avec autant d'énergie. Il ne fait pas de profession de foi; mais son caractère et ses écrits y suppléent facilement. Toujours inspiré par la morale, par l'amour de la justice et de l'équité, il n'avance rien que puisse désavouer la conscience la plus austère. Dans les premières années, il avait mêlé à l'étude du droit celle de la théologie; et, soit qu'il y eût puisé les principes rigoureux du jansénisme, soit plutôt qu'il fût resté fidèle à l'orthodoxie la plus scrupuleuse, cette éducation devait réagir sur ses écrits comme sur sa vie privée.

Souvent on voit revenir dans ses ouvrages des discussions empruntées aux Pères de l'Eglise ou aux casuistes plus modernes. Il se préoccupe avant tout de faire accorder ses décisions avec celles de la morale religieuse. On a trouvé des traces de ces préoccupations naïves dans sa correspondance, par exemple, une lettre à l'abbé Guyot, pour le rassurer sur la liberté qu'il avait prise, dans son *Traité des cheptels*, de contredire « deux auteurs célèbres, dont l'un est l'auteur de la *Théologie morale*, de Grenoble. »

Tel était l'esprit de Pothier; consciencieux, scrupuleux, il ne pouvait chercher dans le droit que le développement des règles uniformes de la morale.

Dans la question d'unité de législation, ses opinions sont aussi certaines; l'expression en est aussi réservée. Borné dans son rôle de professeur et de magistrat, il ne vise point à être un publiciste ou un homme d'Etat. Il admire seulement l'unité où il la trouve, dans le droit romain; il s'attache à la faire ressortir là où elle existe d'une façon cachée, dans une grande partie du droit français.

C'est l'amour de l'unité qui lui a inspiré, dans la préface de son travail sur les *Pandectes*, cet éloge du droit romain :

« Outre que le droit écrit régit la moitié du royaume, qu'y a-t-il dans les autres parties de notre droit qui ne dépende pas du droit romain?... Ajoutez que les coutumes, les ordonnances, les arrêts de parlements et les autres sources du droit français ne renferment que des règles particulières sur des espèces pour ainsi dire infinies. De là, si on peut le dire, des principes flottants, qui ne sont suffisamment rattachés par aucun lien, qui chargent la mémoire comme de simples énumérations de faits, et n'offrent aucune méthode sûre et suivie, aucune science solide, si on ne les relie par un procédé artificiel; ce procédé, on ne peut le chercher que dans les livres de la sagesse romaine. »

Puis, après avoir attribué à l'étude de la méthode romaine la supériorité des travaux scientifiques de Dumoulin, de d'Argentré, de Loysel, sur le droit français, il ajoute :

« Mais, au contraire, dans les ennuyeux volumes de tant de praticiens sur ce même droit national, où ne brille aucune étincelle de la sagesse romaine, que trouve-t-on? Un droit sans principes, sans lien, sans unité, formé au hasard d'un amas de décisions incohérentes, d'une pratique journalière dans ce qu'elle a de moins relevé, d'arrêts de parlements entassés à profusion et souvent contradictoires, qui vient étourdir l'esprit du lecteur incertain..... J'oserais affirmer volontiers, malgré les murmures d'une foule ignorante, qu'après les livres saints, il n'y a rien de plus utile pour le gouvernement de la société humaine que ce divin ouvrage des *Pandectes*. »

Cette tendance se retrouve dans le plan même des ouvrages de Pothier, dont le signe caractéristique est la généralisation. Il s'éloigne de la méthode des commentateurs, qui, attachés au texte d'une coutume ou d'une ordonnance, en remarquent surtout les détails, c'est-à-dire ce qui produit les différences, et relèguent au second plan les idées générales. Pothier, au contraire, groupe ses démonstrations autour des principes communs reconnus par toutes les coutumes; il montre par là que la diversité n'est que dans des détails secondaires, et il fait plus pour l'unité que ceux qui, dans une pensée de réforme, exagèrent la diversité pour en montrer les abus. Il apporte dans le conflit des lois la politique de conciliation.

15. Le caractère commun de Pothier et de d'Aguesseau se trouve ainsi dans le progrès par la conciliation. Entre un passé plein de résistances et un avenir plein de tentations, ils ne

cédèrent ni aux unes ni aux autres. Ils s'écartèrent de leurs contemporains en deux points : ils n'en acceptèrent pas les doctrines sur le fondement des lois; ils eurent un sentiment plus vif des difficultés pratiques. Mais ils acceptèrent presque toutes les idées justes qui se produisirent; ils surent s'aider des progrès déjà accomplis et préparer à l'avenir des matériaux solides. Sans trop oser, sans jamais se décourager, ils donnèrent à leurs travaux toute leur vie, et pas un de ces travaux ne fut inutile.

Là où ils ne pouvaient aider le progrès, ils ne servirent pas du moins la réaction : il est à remarquer qu'ils reléguèrent au second plan de leurs travaux l'étude des institutions juridiques destinées à tomber, l'état des personnes, le système des successions, les droits féodaux. Par leur silence même, ils restèrent dans l'esprit du siècle et dans la voie du perfectionnement.

16. Jusqu'ici nous n'avons pas séparé Pothier et d'Aguesseau : leur point de départ et leur but étaient les mêmes. Mais, entrés dans la vie sous des auspices différents, ils devaient porter dans des directions diverses leurs communes inspirations.

D'Aguesseau fut homme d'Etat et législateur; Pothier resta jurisconsulte.

De cette diversité de position résultait une différence dans l'ordre même de leurs travaux. Le jurisconsulte, ayant à s'appuyer sur la législation déjà existante, devait chercher le progrès et l'unité, là où ils existaient virtuellement, dans les parties de la législation auxquelles il ne manquait que d'être classées et exposées méthodiquement; le législateur devait introduire l'unité et le progrès dans des matières où on ne les trouvait pas. Le premier avait besoin d'un travail plus patient, d'un esprit de généralisation plus énergique; le second, d'une initiative plus grande, d'une appréciation plus délicate des difficultés pratiques. Le premier devait creuser les principes, approfondir la science dans ses origines; le second, se tenir sur la limite des choses, s'adresser à des détails plus superficiels, à des questions de temps et d'opportunité. Ils devaient, en un mot, se compléter l'un par l'autre.

Nous retrouverons quelquefois leurs noms réunis; mais la nature même de leur œuvre nous commande de les séparer maintenant. Nous étudierons d'abord d'Aguesseau, le premier dans l'ordre chronologique, auquel Pothier lui-même dut beaucoup;

nous le verrons s'aider à la fois, dans ses travaux législatifs, d'un grand talent d'administrateur et d'une vraie science de jurisconsulte Dans Pothier, nous trouverons un ensemble de travaux qui embrassent presque tout le droit civil actuel. Enfin, pour mieux faire sentir leur influence, nous les mettrons en présence de leurs contemporains et des rédacteurs du Code civil; nous constaterons dans notre droit actuel les parties qui sont empruntées à leur œuvre, celles, au contraire, qui se sont formées sous d'autres influences.

CHAPITRE III.

LE CHANCELIER D'AGUESSEAU.

17. Aperçu général sur la vie et les travaux de d'Aguesseau.
18. Influence que lui donnait sa position de grand chancelier en dehors de son action législative proprement dite.
19. Les ordonnances.
20. Ordonnance de 1731 sur les donations.
21. Ordonnance de 1735 sur les testaments.
22. Ordonnance de 1747 sur les substitutions.
23. Ordonnance de 1749 sur les biens des établissements de mainmorte.
24. Influence de d'Aguesseau sur les jurisconsultes Sallé, Furgole, Pothier.

17. D'Aguesseau fut appelé par sa naissance même, pour ainsi dire, aux fonctions de la magistrature. Il devait y apporter, avec un esprit plein de réflexion et de maturité, avec de profondes études juridiques, un dévouement à la royauté consacré par les traditions de sa famille, mais aussi une honnêteté, une dignité de caractère, éloignées de toute complaisance honteuse.

En 1690, à peine âgé de vingt et un ans, il était avocat général, et l'éclat de ses débuts arrachait au célèbre Denis Talon, alors président à mortier, cette exclamation : « Je voudrais finir comme ce jeune homme a commencé ! »

Quoique l'œuvre de d'Aguesseau, comme avocat général, c'est-à-dire comme jurisconsulte orateur, n'ait pu laisser des traces aussi profondes que son œuvre de législateur, on peut encore y signaler, au point de vue de la science juridique, des solutions remarquables sur des questions nouvelles, des démonstrations claires et méthodiques. Au point de vue littéraire, on y trouve un style noble et soutenu, emprunté aux traditions du dix-septième siècle : c'est la perfection du genre académique.

« Il suffisait, disent ses biographes, à une multitude d'affaires, les traitait toutes à fond, et souvent il découvrait des lois, des pièces ou des raisons décisives qui avaient échappé aux défenseurs des parties. Il réunissait à l'érudition l'ordre et la clarté des idées, la force du raisonnement et l'éloquence la plus brillante, ce qui aurait fait croire que chacun de ses plaidoyers était le fruit d'une longue préparation. Cependant il n'en écrivait ordinairement que le plan, et réservait le travail d'une composition exacte pour les grandes causes ou pour les réquisitoires qu'il fit lorsqu'il fut devenu premier avocat général, et dont quelques-uns ont été imprimés dans le temps même. »

Plus tard, devenu procureur général, il continua avec plus d'autorité à servir le pouvoir royal. Il s'occupa dès lors, dans le ressort du Parlement de Paris, de l'œuvre qu'il devait, comme grand chancelier, étendre à toute la France, et qui consistait à maintenir l'autorité royale comme modératrice suprême de la justice, et à ramener par là l'unité dans les décisions comme dans l'organisation des corps judiciaires. Les observations qu'il rédigea alors sur les lois de l'instruction criminelle lui servirent plus tard à les perfectionner, et ses réponses aux officiers du ressort du Parlement formaient comme une suite de décisions sur la jurisprudence et la discipline. Il fut aussi l'auteur de plusieurs règlements autorisés par des arrêts, et le chancelier de Pontchartrain le chargea de la rédaction de plusieurs édits, en lui prédisant qu'il le remplacerait un jour. D'autres ministres, et le roi lui-même, lui demandaient souvent des mémoires sur des questions importantes.

Une grande partie de ses mémoires, comme procureur général, fut consacrée aux affaires du domaine. D'Aguesseau se trouvait armé, en cette matière, d'une loi uniforme pour toute la France, et qui semblait tenir aux principes les plus nécessaires de la puissance royale, l'ordonnance de Moulins de 1566, qui avait établi d'une façon définitive l'inaliénabilité et l'imprescriptibilité du domaine de la couronne. Au mépris des dispositions de cette ordonnance, de nombreux abus avaient eu lieu, des biens du domaine avaient été engagés ou vendus ; et la possession de ces biens, confirmée par un long usage, quelquefois obscurcie dans son origine par des titres ambigus et l'éloignement des temps, avait permis beaucoup d'usurpations contre les droits imprescriptibles de la couronne. D'Aguesseau se donna pour mission de rechercher les biens du domaine, d'en dégager l'origine et d'en amener la restitution. De nombreux mémoires furent rédigés pour établir devant les corps judiciaires les droits de la couronne, et les habituer de plus en plus à en reconnaître l'autorité.

Au commencement de la régence, d'Aguesseau fut honoré de la confiance du duc d'Orléans, et appelé à l'aider de ses conseils dans les affaires les plus importantes de l'Etat.

En 1717, survint la mort du chancelier Voysin. D'Aguesseau, sans avoir fait aucune sollicitation, fut appelé inopinément à remplir la haute position qui se trouvait ainsi vacante, « et l'on s'étonna, disent les biographes, de le voir, à quarante-huit ans et quelques mois, conduit jusqu'à la première charge du royaume, sans en avoir jamais demandé ni désiré aucune. »

Bientôt il fut suspect pour son opposition aux dangereuses innovations de Law. A la fin de janvier 1718, il dut rendre les sceaux, et se retirer à sa terre de Fresnes ; là, il perfectionna ses études sur la philosophie et les autres branches des connaissances humaines. En 1720, il reçut l'ordre de revenir sans l'avoir demandé, et les sceaux lui furent rendus : ils lui furent ôtés une seconde fois, et il retourna à Fresnes au mois de février 1722. Enfin, il fut de nouveau rappelé au mois d'août 1727, et il reprit alors l'exercice de la plupart de ses anciennes fonctions ; cependant les sceaux ne lui furent rendus qu'en 1737, et il les garda jusqu'à sa mort, survenue en 1750.

18. C'est dans la position de grand chancelier que d'Aguesseau eut à déployer la hauteur de ses vues, et à réaliser ses tendances vers l'unité. Placé en face de cette œuvre immense, il ne désespéra pas de l'accomplir, ou tout au moins d'en avancer la perfection. Il n'eut pas la prétention de faire changer, par un seul acte de l'autorité royale, tout un ensemble de lois consacrées par la tradition, et de faire disparaître en un instant des diversités aussi vieilles que la monarchie. Son but, nous l'avons déjà indiqué : arriver à l'unité par parties, parcourir successi-

vement les différentes matières du droit, pour en effacer autant que possible les diversités secondaires.

Quelles furent ses ressources dans une pareille entreprise? Son plus puissant instrument fut cette centralisation que la monarchie absolue avait commencé d'opérer dans la justice comme dans l'administration. Les parlements avaient vu leurs prérogatives peu à peu diminuées, leur juridiction amoindrie par la création de tribunaux spéciaux, par l'extension des attributions du conseil du roi. Ils avaient ainsi perdu en grande partie cette puissante individualité qui en faisait autant de corps indépendants, autant de foyers où des jurisprudences diverses se maintenaient avec une égale autorité. Les résistances qu'ils opposaient encore parfois au pouvoir royal, au lieu de les fortifier, ne servaient qu'à les ébranler. Les parlements de province, en particulier, étaient bien déchus : l'unité de procédure, qu'avait inutilement essayé d'introduire Michel de Marillac, avait été imposée à ces parlements par l'ordonnance de 1667, à laquelle Louis XIV, pour bien montrer l'importance qu'il y attribuait, avait voulu attacher son nom (Code Louis) : ils étaient ainsi amenés à l'unité de jurisprudence par l'unité de forme ou de *style*.

Un esprit ferme et modéré, comme celui de d'Aguesseau, pouvait tirer grand parti de cette situation : il suffisait de ne pas tenter de coups d'Etat, mais de fléchir peu à peu les résistances.

La position de grand chancelier, qui le plaçait comme un modérateur suprême au dessus de la magistrature, et le constituait l'interprète de la volonté royale sur tout ce qui touchait l'administration de la justice, lui assurait une grande autorité sur les parlements et les siéges inférieurs; mais la noblesse de son caractère, les dispositions conciliantes qu'il apportait en toutes choses, fortifiaient encore son influence. Les présidiaux, les parlements eux-mêmes, le consultaient souvent, et sa volumineuse correspondance témoigne du zèle avec lequel il entretenait ses rapports avec eux. Ce sont, la plupart du temps, des questions de règlement intérieur, de police, de préséance, qui s'agitent devant lui; mais le seul fait de le prendre pour juge était une reconnaissance de sa suprématie et un hommage à son influence.

D'autres fois, les questions sont plus importantes : c'est sur l'application même des lois et des coutumes qu'il est consulté; il répond à tout, tâchant d'assurer les progrès accomplis et d'effacer les divergences. C'est ainsi quelquefois, soit en matière civile, soit en matière criminelle, qu'il rappelle les juges à se rapprocher de l'équité et des tendances nouvelles.

« Il y a bien des choses, écrit-il, par exemple, qu'on a conservées dans la rédaction ou la réformation des coutumes, par respect ou par prévention pour d'anciennes traditions, qui ne doivent plus tirer à conséquence depuis que la législation s'est perfectionnée en France, et qui sont censées suffisamment changées par l'esprit général des lois, et par l'usage commun de tout le royaume, qui en est le plus sûr interprète. »

Il y avait là un peu d'arbitraire, et peut-être le progrès pourrait-il sembler trop chèrement acheté au prix de la non-application des lois, dans un pays où ces lois seraient la libre expression de la volonté commune; mais quand elles ne vivent que sous le bon plaisir du pouvoir royal, qui peut les changer régulièrement, il ne faut pas se plaindre si, sans en abroger les principes, il en fait modifier l'application. C'était là le vice inhérent à l'ancienne législation, et ce qui serait aujourd'hui un abus était alors un tempérament équitable.

Avec les moyens d'action que lui donnait sa haute position, d'Aguesseau se trouvait en face de l'antagonisme des coutumes et du droit romain, divisé lui-même par les jurisprudences opposées des parlements.

Comme Dumoulin et son école, il partit de cette pensée, que l'unité existait au fond de la législation française, que les coutumes étaient l'expression de principes d'origine commune. Cette pensée, il chercha à la faire passer dans la pratique par sa correspondance et ses ouvrages; loin d'exagérer les diversités qui existaient, et d'effrayer les esprits par la grandeur des changements à faire, il essayait de ne présenter que des innovations si légères, au moins en apparence, que tout le monde y fût disposé. Dans ce but, il s'attachait surtout à régler à nouveau les formes extérieures des actes et des procédures; car, bien que les questions de forme soient aux yeux du commun des hommes la partie la moins importante du droit et la plus facile à changer, ce sont elles qui perpétuent de la façon la plus apparente les diversités de la législation, à ce point que l'histoire du droit est quelquefois celle de la procédure. Sur ce point donc, la réforme était facilement acceptable, et devait faire disparaître bien des divergences extérieures ; d'autres fois, les divergences tenaient à une cause un peu plus profonde, à la variété de la jurisprudence sur une question non résolue par la législation : là encore ce n'était pas le fond du droit qui différait, mais seulement l'application.

Ainsi se détermina le champ des réformes de d'Aguesseau, ainsi s'explique cette pensée caractéristique « qu'il voulait établir une entière uniformité dans l'*exécution* de chacune des anciennes lois sans en changer le fond, et y ajouter ce qu'il manquait à leur perfection. » La même pensée se manifeste encore dans le préambule de l'ordonnance sur les donations par ces remarquables paroles :

« La justice devrait être aussi uniforme dans ses jugements que la loi dans ses dispositions... Mais comme si les lois et les jugements devaient éprouver un caractère d'incertitude et d'instabilité, qui est presque inséparable de tous les ouvrages humains, il arrive quelquefois que, soit par un défaut d'expression, soit par différentes manières d'envisager les mêmes objets, la variété des jugements forme d'une seule loi comme autant de lois différentes, dont la diversité et souvent l'opposition, contraires à l'honneur de la justice, le sont encore plus au bien public. De là naît, en effet, cette multitude de conflits de juridiction, qui ne sont formés, par un plaideur trop habile, que pour éviter, par le changement des juges, la jurisprudence qui lui est contraire, et s'assurer celle qui lui est préférable : en sorte que le fond même de la contestation se trouve décidé par le seul jugement qui règle la compétence du tribunal. »

Cette pensée, on la retrouve encore dans une circulaire du 10 novembre 1728, aux premiers présidents des parlements. Il y est dit, entre autres choses, que « si la diversité des coutumes était la seule cause de la diversité des jurisprudences, il n'y aurait presque rien à y réformer. » D'Aguesseau écrit encore, dans une lettre à M. de Machault : « Il ne s'agit point, quant à présent, de faire une loi générale et comme un corps entier de législation : plût à Dieu qu'il fût aussi aisé d'exécuter un tel ouvrage qu'il l'est de le concevoir et encore plus de le désirer ! Mais comme le dessein en a paru trop vaste et trop difficile, on s'est réduit à établir des règles certaines et uniformes sur ce qui fait le sujet d'une diversité de jurisprudence aussi peu honorable à la justice qu'onéreuse et souvent nuisible à ceux qui sont obligés de la réclamer. »

D'Aguesseau ne négligeait pas, lorsqu'il le pouvait, d'introduire dans la loi elle-même des innovations utiles ; mais il songeait principalement à perfectionner la législation par la voie indirecte de l'unification de la procédure, de la soumission de toutes les juridictions particulières à un pouvoir régulateur. Cette pensée d'homme d'Etat autant que de jurisconsulte, c'était celle que Marillac avait infructueusement essayé de réaliser, mais que Colbert et Lamoignon avaient déjà mise à exécution en partie.

Aussi, dans le but unique de régler la forme des actes ou des procédures, furent faits quelques-uns des travaux les plus importants du chancelier. Une déclaration, du 5 février 1731, limita généralement la juridiction des prévôts et présidiaux. Les déclarations des 9 août 1736 et 17 août 1737, vinrent compléter les dispositions de l'ordonnance de 1667 sur les registres de l'état civil. L'ordonnance de juillet 1737 régla d'une manière uniforme l'importante et difficile procédure du faux. Celle d'août de la même année, sur les évocations, régla les conflits de juridiction et supprima un grand nombre de difficultés de compétence. Il serait inutile d'analyser ici ces ordonnances, dont les prescriptions n'ont pu passer directement dans la législation actuelle ; mais on aurait tort de n'y pas voir un progrès important dans l'unité de la jurisprudence, et une puissante impulsion vers cette centralisation, cette communauté de direction qui, dans un grand pays, est nécessaire à l'administration de la justice plus encore qu'au gouvernement.

Enfin, vint le règlement du conseil du roi en 1738. Cet édit eut la plus grande importance : en effet, le conseil du roi, appelé à statuer sur les pourvois en cassation contre les décisions de toutes les juridictions, était placé au-dessus d'elles comme un régulateur souverain. La généralité des attributions de ce conseil, unique et supérieur, en faisait le plus puissant instrument de l'unité. Le règlement de 1738 eut pour but de fortifier cette haute juridiction et d'en favoriser le développement. Il forme encore aujourd'hui en grande partie la loi de procédure de la

Cour de cassation, qui a succédé comme souveraine juridiction civile à l'ancien conseil du roi.

Dans les mêmes vues de centralisation, d'Aguesseau réunit plusieurs siéges royaux établis dans les mêmes villes, afin de diminuer les degrés de juridiction, et détermina exactement les fonctions de plusieurs officiers de justice. Par sa correspondance avec la magistrature, il étendit aussi l'action administrative de la royauté, et intervint souvent pour régler soit des questions de juridiction, soit même des points de droit : on le voit tantôt établissant, en matière de mariage, la distinction du pouvoir ecclésiastique et du pouvoir séculier, tantôt fournissant des instructions pour l'application ou la réformation des anciens usages, tantôt donnant son avis sur des questions de tutelle, de témoignage ou de quelque autre matière juridique (voir Œuvres de d'Aguesseau, édit. in-4°, t. VIII, p. 485, 586; t. IX, p. 114, 570).

Enfin, et toujours sans innover dans le fond du droit, d'Aguesseau fit travailler à la réformation et à l'autorisation de quelques coutumes. Il put ainsi faire élaguer des anciens textes les superfluités et les dispositions contraires aux principes modernes.

19. Mais sa grande œuvre de législateur, celle à laquelle nous avons hâte d'arriver, ce sont ses ordonnances sur le droit civil, qui ont donné à son nom la gloire la plus durable, et dont les sages dispositions ont inspiré notre Code Napoléon dans plusieurs parties.

Nous avons indiqué comment ces ordonnances devaient avoir un caractère plutôt réglementaire qu'absolu dans l'établissement des principes; elles devaient fixer une jurisprudence incertaine sur des points de forme, sur les modalités de certaines institutions, plutôt que changer les institutions elles-mêmes.

Néanmoins, l'acte par lequel d'Aguesseau commença ses réformes, en 1729, fut un changement dans le fond du droit. Un édit, rendu sur sa proposition, abolit celui de Saint-Maur de 1567, qui privait les mères du droit de succéder à leurs enfants; il rétablit ainsi les principes du droit romain qui avaient cédé à l'influence de l'esprit féodal, et ramena sur ce point important « cette parfaite uniformité de jurisprudence aussi honorable au législateur qu'avantageuse à ses sujets. »

Cette première réforme n'était pas toujours d'un exemple facile à suivre, en présence de l'obstination des parlements et des divisions du droit écrit et coutumier.

Aussi les grandes ordonnances de 1721 sur *les donations*, de 1735 sur *les testaments*, de 1747 sur *les substitutions*, de 1749 sur *les biens des établissements de mainmorte*, n'opérèrent pas des réformes aussi complètes que l'eût désiré d'Aguesseau lui-même. Et cependant il alla aussi loin qu'il pouvait aller; il déploya toutes les qualités d'un administrateur et d'un jurisconsulte, pour bien mesurer d'avance et assurer dans l'avenir la portée de ses réformes.

Chacune de ces ordonnances fut précédée d'une étude approfondie de la matière, selon les lois, les coutumes et la jurisprudence de l'époque. Il fallut en même temps consulter les parlements, dont la résistance aurait pu faire échouer l'entreprise ; il fallut les associer en quelque sorte à l'œuvre nouvelle, et de là ce grand travail de consultations, d'observations de la part des corps judiciaires, qui se reproduisit à la rédaction du Code civil, et qui a l'avantage de faire éclairer d'avance par les tribunaux la loi qu'ils doivent plus tard appliquer.

A l'époque de d'Aguesseau, cela offrait plus d'une difficulté. Les parlements redoutaient de voir changer leur ancienne jurisprudence, et altérer le fond même du droit qu'ils étaient accoutumés à appliquer. Il fallait des précautions infinies pour leur persuader qu'on n'en voulait pas au droit, qu'on ne cherchait, au contraire, qu'à faciliter leur tâche, à effacer des divergences secondaires peu honorables pour la magistrature. Malgré sa haute position et ses moyens d'action, d'Aguesseau ne réussissait pas toujours. Ainsi, à propos de l'ordonnance des testaments, il ne reçut que longtemps après sa publication les renseignements qu'il avait demandés au parlement de Bourgogne ; ainsi encore, un projet d'ordonnance qu'il avait préparé, sur les incapacités de recevoir par donation ou testament, ne put aboutir, à cause de la persistance des parlements à ne pas lui envoyer leurs avis.

Que de ménagements et de fermeté fallut-il donc à d'Aguesseau pour mener à fin ses réformes et les faire accepter par les corps judiciaires! Dans les longues correspondances qu'il eut avec eux, se révèlent les diversités profondes qui les séparent, et souvent l'impossibilité d'y remédier. Souvent même, dans les ordonnances destinées à établir des règles uniformes, il est obligé de faire des dispositions séparées pour les pays de coutumes et ceux de droit écrit, et quelquefois encore d'excepter de chacune de ces catégories telle ou telle province en particulier.

Ce sont ces grandes ordonnances, si péniblement élaborées, dont nous devons donner une idée sommaire.

20. La première fut celle de 1731, sur *les donations*.

Les donations avaient été, dans notre ancien droit, soumises à des règles très-différentes de celles du droit romain; mais la plupart des changements s'étaient introduits sous l'influence de la coutume, et, par suite, avec des incertitudes et des variations nombreuses.

Le droit romain, dans son dernier état, était très-large pour les donations. Il leur permettait de se produire sous la forme d'un simple pacte, sauf la nécessité de l'insinuation sur des registres publics quand elles atteignaient un certain taux. Le donateur avait la faculté de donner actuellement et irrévocablement, ou, au contraire, de donner à cause de mort, en se réservant jusqu'à son décès le droit de reprendre sa libéralité; il pouvait transférer la propriété sous condition suspensive et sous condition résolutoire. Enfin, les institutions destinées à protéger le donateur contre sa propre faiblesse, et ses héritiers contre ses libéralités inconsidérées, n'étaient pas organisées d'une façon régulière.

Dans notre ancien droit, on avait senti confusément les inconvénients de cet état de choses : 1° n'exiger aucune forme, c'était permettre au juge de se contenter du faible consentement d'un moment, si peu importante qu'en fût la manifestation, et par là on arrivait à valider des donations arrachées par surprise, ou même à donner l'existence à des donations qui n'avaient jamais été dans l'intention de celui à qui on les attribuait : on ouvrait donc la porte à la captation et à la spoliation des familles ; 2° en permettant au donateur de ne pas se dessaisir actuellement et de se réserver des droits sur les biens donnés, on le rendait plus facile dans ses libéralités ; ne devant pas en souffrir personnellement, maître d'en arrêter l'effet à volonté, il était bien moins porté à réfléchir sur les conséquences de ses actes pour lui et sa famille; et comme, au reste, il était beaucoup plus aisé au donataire de ne pas provoquer une révocation ultérieure qu'il ne l'eût été d'obtenir, dès le principe, l'irrévocabilité, le dépouillement du donateur se faisait sans difficulté; 3° en autorisant la situation indécise qui résultait d'une transmission de propriété sous une condition suspensive ou résolutoire, et en même temps potestative, on permettait des fraudes envers les tiers : en l'absence de toute publicité, ils pouvaient être trompés sur la personne du véritable propriétaire : en supposant même qu'ils le connussent, l'incertitude de la propriété rendait les transactions difficiles et nuisait au commerce.

Tous ces inconvénients avaient été sentis, plus ou moins vivement, dans notre ancien droit. De là, un système de règles destinées à protéger les intérêts méconnus par le droit romain. La plus importante de ces règles se formulait ainsi : *Donner et retenir ne vaut*. On voulait que le donateur fût dessaisi d'une façon actuelle et irrévocable, et ne pût se réserver le droit de disposer des biens donnés. Par là, on rendait les donateurs plus circonspects dans leurs libéralités, et on excluait les donations à cause de mort; de plus, pour assurer la certitude de la volonté, et en même temps faire connaître à tous l'existence de la donation, on exigeait la tradition des biens donnés. Cette nécessité était généralement considérée comme une conséquence de la règle *donner et retenir ne vaut*, à tel point que d'anciennes coutumes ne permettaient même pas au donateur de conserver l'usufruit des biens donnés. Mais la tradition pouvait être réelle ou feinte : réelle, quand elle consistait dans la remise effective des chosés données; feinte, quand elle consistait en formalités équivalentes. Or, on considérait l'acte notarié comme ayant force exécutoire, et on admettait qu'il pouvait seul avoir la force d'opérer la tradition par la simple clause de *dessaisine-saisine*. Ainsi, les règles de la tradition se trouvaient liées, d'une part, à la règle *donner et retenir ne vaut*, de l'autre, à l'existence d'un acte notarié : cette confusion amenait naturellement des résultats fort divers, selon les pays et les parlements.

Deux autres particularités signalaient encore la donation : 1° comme tout autre contrat, la donation exigeait le concours de deux volontés, celle du donateur et celle du donataire ; le premier offrant la libéralité, le second l'acceptant. Mais la manifestation de la volonté du donataire fut exigée avec plus de rigueur que dans les actes ordinaires : on voulut une acceptation expresse, spéciale, et non pas seulement tacite; on fit de cette acceptation une forme substantielle, qui fut spécialement exigée par l'ordonnance de 1539 ; 2° la même ordonnance avait introduit, dans l'intérêt des tiers, une mesure de publicité, l'*insinuation* ou enregistrement, aux greffes des bailliages, de toutes les donations.

L'ordonnance de 1731 eut pour but de mettre l'ordre et l'unité dans toutes ces institutions du droit positif. Il s'agissait de faire un règlement de détails, de trancher des controverses particulières. Tout d'abord, il fallut séparer. comme des éléments bien distincts, les formes de la tradition, celles de l'acte ou instrument de la donation. et les applications de la règle *donner et retenir ne vaut ;* il fallut donner à chacun de ces points des formules précises, destinées à prévenir des difficultés nouvelles.

Le titre Iᵉʳ fut relatif à l'*instrument de la donation*. La première question qui se présentait était celle de savoir si la donation pouvait être faite sous seings privés. Duplessis soutenait l'affirmative ; Ricard professait la négative, en se fondant sur ce que les actes sous seings privés n'ayant pas date certaine, seraient primés par des actes postérieurs constitutifs d'hypothèque, et permettraient d'échapper à la règle de l'irrévocabilité des donations. La question fut tranchée par les articles 1 et 2 de l'ordonnance : toute donation dut être faite devant notaire.

Puis l'ordonnance s'occupa des donations à cause de mort, permises dans plusieurs contrées, et surtout dans les pays de droit écrit, dans la coutume de Paris, dans celle d'Anjou, réprouvées presque partout ailleurs. L'ordonnance trancha la difficulté en décidant que les donations à cause de mort ne vaudraient que si elles étaient faites en forme de testament ou de codicille, c'est-à-dire, au fond, en les abrogeant pour ne plus permettre que des legs : par un habile artifice du législateur, la forme emportait le fond.

Le titre II régla de nouveau les conditions et la forme rigoureuse de l'*acceptation*, dont les parlements étaient souvent portés à diminuer le caractère obligatoire ; elle dut être expresse, et la donation ne liait le donateur que du jour où elle était acceptée. Les donataires incapables, eux-mêmes, ne furent pas affranchis de cette rigueur ; ils ne pouvaient, si la donation n'était pas acceptée, s'en prendre qu'à leurs représentants légaux. Les donations par contrat de mariage, dignes d'une protection particulière, furent seules exceptées de ces dispositions.

Le titre III fut relatif à la *tradition*, mais il ne décida rien sur la forme de la tradition ; il laissa subsister sur ce point la diversité des jurisprudences. Mais il faut remarquer que les progrès du droit tendaient à supprimer la nécessité de la tradition réelle ; presque partout elle s'effaçait pour faire place à des traditions feintes, ou à des clauses de constitut possessoire qui le suppléaient.

Sous le titre de la tradition, le législateur de 1731 s'occupa de considérer la transmission de propriété à titre gratuit, non pas dans sa forme, mais en elle-même ; il voulut lui donner un caractère définitif, et non pas équivoque et aléatoire. En d'autres termes, il voulut assurer l'actualité et l'irrévocabilité de la donation, et bien préciser l'étendue de la règle : *donner et retenir ne vaut*.

Les applications et les limites de cette règle furent donc fixées, et ramenées à un cetain nombre de propositions, les unes jusque-là controversées, les autres consacrées par la coutume. Aucune donation ne put contenir d'autres biens que ceux qui appartenaient actuellement au donateur ; de là, la prohibition des donations de biens à venir, jusque-là autorisées dans certaines contrées au même titre que les donations à cause de mort. Pour garantir l'application exacte du principe en matière de meubles, l'ordonnance exigea un état estimatif signé des parties et annexé à la donation, ce qui suppléait avec avantage la tradition réelle, auparavant exigée presque partout en matière de meubles. Les dispositions suivantes prohibaient toute clause qui ferait dépendre la donation d'une condition potestative de la part du donateur, ou qui lui réservaient le droit de disposer de quelqu'un des biens donnés, ou qui imposaient au donataire l'obligation de payer d'autres dettes du donataire que celles actuellement existantes. La sanction de toutes ces dispositions était la nullité de toute donation qui y serait contraire, nullité qui pouvait être invoquée par le donateur, et lors même qu'il y aurait eu mise en possession. Il n'était admis d'exception qu'en faveur des donations par contrat de mariage.

Le titre IV traitait de l'*insinuation*. Cette formalité, consistant à enregistrer les donations sur des registres publics, communicables à quiconque le requérait, et qui est aujourd'hui suppléée par la transcription, avait un certain caractère fiscal; mais elle avait surtout pour effet d'avertir les tiers du fait de la donation d'une manière bien plus certaine que la tradition, dont le caractère peut être équivoque. Créée par l'ordonnance de Villers-Cotterets de 1539, elle avait été réglée par la déclaration de février 1549, par l'ordonnance de Moulins de 1566, par un édit de 1703. L'ordonnance de 1731 assujettit à l'insinuation toutes les donations, même rémunératoires, et excepta seulement : 1° les donations par contrat de mariage; 2° les dons mobiles, augments, contre-augments de dot, gains de noce et de survie, et autres avantages matrimoniaux; 3° les donations de choses mobilières, quand il y avait tradition réelle ou qu'elles n'excédaient pas 1,000 livres.

L'insinuation ne se liait pas, comme aujourd'hui la transcription, à un système général sur la transmission de propriété immobilière et au règlement des droits réels acquis successivement sur le même objet par plusieurs personnes. Les transmissions de propriété à titre onéreux, les hypothèques, échappaient alors à la publicité; et d'Aguesseau lui-même, dans la crainte de compromettre le crédit des grandes familles, recula devant l'ouverture d'un registre public des hypothèques, entreprise infructueusement tentée en 1580 et 1673, par des édits presque aussitôt rapportés. L'insinuation se présentait comme un élément de perfection de la donation, analogue à l'acceptation, plutôt que comme un signe extérieur de la translation de propriété. Aussi, le défaut de cette formalité pouvait être opposé soit par les héritiers, soit par les créanciers chirographaires du donateur, si elle n'avait été remplie dans les quatre mois de la donation : le donateur seul ne pouvait l'invoquer. Les donations mobilières, comme les donations immobilières, étaient soumises à cette insinuation. Ces dispositions exceptionnelles, qui faisaient de l'insinuation comme un élément de la perfection du contrat, qui allaient jusqu'à défendre la clause par laquelle le donateur, en se chargeant de faire faire l'insinuation, voudrait rendre la donation opposable à ses héritiers ou à ses créanciers chirographaires, n'allaient-elles pas au delà du but? Il est permis de le penser : portée à ce point, l'insinuation prend plutôt le caractère d'une mesure fiscale que celui d'un instrument de publicité destiné à protéger les tiers; et il est fort douteux, quoi qu'en aient dit certains auteurs, que les législateurs du Code, en prescrivant la transcription des donations, aient voulu reproduire ce système, alors qu'ils avaient sous les yeux le système bien plus rationnel de la loi de brumaire an VII sur la transcription. Ils n'ont pas, comme l'ordonnance, prohibé les clauses destinées à empêcher les héritiers du donateur d'opposer le défaut de transcription ; ils n'ont soumis à la transcription que les biens susceptibles d'hypothèques, ils n'ont pas fixé de délai pour la transcription. On peut donc croire que le défaut de transcription seulement doit être opposable par ceux qui, avant qu'elle ait eu lieu, ont acquis la propriété de la chose donnée, ou tout au moins des droits réels ou des hypothèques.

Dans son titre V, l'ordonnance trace les règles *du retranchement pour cause de légitime*. Elle évite, en ce point, de toucher au fond des choses : le taux, le caractère de la légitime, la qualité qu'il faut avoir pour y prétendre, ne sont point établis ; seulement, étant supposée une légitime et des libéralités qui l'entament, le législateur se préoccupe des opérations à faire pour opérer la réduction. L'article 34 de l'ordonnance établit la règle par laquelle on doit, pour obtenir la légitime, faire la réunion fictive à la masse de tous les biens donnés par le défunt ; puis, en cas d'insuffisance des biens libres pour former la légitime, réduire d'abord les legs proportionnellement entre eux ; puis, au cas où la réduction entière des legs serait insuffisante, attaquer successivement les donations entre-vifs, en remontant de la plus récente aux plus anciennes. Ce même article 34 suppose résolue une question qui a été très-débattue depuis le Code civil, celle de savoir si le successible renonçant peut retenir sa part de réserve sur les avancements d'hoirie qui lui ont été faits. Cette question était résolue affirmativement par l'ancien droit, et la divergence portait sur le point de savoir si le renonçant pouvait en même temps retenir quelque chose sur la quotité disponible. L'ordonnance ne trancha point cette dernière question, et régla seulement le mode de rétention de la part héréditaire du renonçant. Ainsi, le fond de la question n'étant pas élucidé, les rédacteurs du Code civil, quand ils ont eu à régler les questions effleurées par d'Aguesseau, se sont trouvés livrés aux hasards de leurs inspirations, et, après des discussions confuses, ils sont arrivés, sans s'en rendre bien compte, à renverser le système de l'ancien droit, et à copier presque littéralement l'article 34 de l'ordonnance dans leur article 924, en l'appliquant à une hypothèse tout inverse.

Le titre VI a pour objet la *révocation des donations pour cause de survenance d'enfants*. Cette institution, en germe dans le droit romain, développée dans la pratique française, fixée surtout par les travaux de Dumoulin à l'occasion d'un procès personnel, avait besoin d'être réglée dans ses détails par une loi précise. L'ordonnance le fit avec le plus grand soin, et toutes ses dispositions à ce sujet ont passé dans le Code Napoléon.

Telle est, dans son ensemble, l'ordonnance des donations. On peut lui reprocher d'avoir, dans plusieurs parties, le caractère d'un règlement un peu minutieux, et non d'une généralisation de principes, d'avoir multiplié les nullités de détails. Mais nous avons déjà expliqué l'impossibilité où était d'Aguesseau d'aborder plus avant le fond des choses. Quant à la multiplicité des règles qu'il a édictées, elles répondaient à autant de questions graves et controversées, d'où dépendait la nullité ou la validité des donations; l'ordonnance a donc tari une source de difficultés et préparé les voies à notre Code, dont plusieurs dispositions en sont extraites littéralement (art. 922-966).

21. Nous donnerons moins de développements sur l'ordonnance *des testaments*, de 1735.

D'Aguesseau s'occupa, dans cette ordonnance, d'établir avec netteté les principes relatifs aux formes des testaments; les formes ont en pareille matière une importance capitale, puisqu'elles décident de la nullité ou de la validité des actes; mais elles différaient profondément selon les diverses provinces. Les pays de droit écrit avaient deux sortes de testaments, dérivés du droit romain : le testament *nuncupatif*, écrit par un notaire sous la dictée du testateur en présence de sept témoins; le testament *mystique*, remis tout écrit par le testateur au notaire, toujours en présence de sept témoins, et dont il était dressé un acte de suscription. Ces testaments devaient, en outre, contenir, comme formalité intrinsèque, une institution d'héritier, et s'il y avait des enfants légitimaires, c'étaient eux qui devaient être institués à peine de nullité; mais, en dehors des testaments, on connaissait les codicilles, reçus en présence de cinq témoins, et qui ne devaient pas contenir d'institution d'héritier. Dans les pays coutumiers, on suivait deux autres formes, celle du testament *olographe* et celle du testament *par acte public*, reçu par un notaire et quatre témoins, ou deux notaires et deux témoins : ici, l'institution d'héritier, loin d'être nécessaire, était prohibée.

L'ordonnance de 1735 ne toucha pas à ces divergences ; elle fit en quelque sorte deux lois, une pour le pays de droit écrit, l'autre pour le pays de coutumes.

Le titre Ier, relatif aux *formalités des testaments*, fut divisé en quatre chapitres : le premier, sur les formes testamentaires en pays de droit écrit ; le second, sur les formalités testamentaires dans les pays coutumiers ; les deux derniers, sur les formes privilégiées des testaments militaires et de ceux qui se font en mer ou en temps de peste. Le titre II régla avec détail une matière commune à tous les testaments passés devant notaires, savoir : la qualité des *témoins testamentaires*. Le titre III redevint spécial aux pays de droit écrit : il régit l'*institution d'héritier*, qui y était considérée comme la base des testaments ; il conserva la nécessité d'instituer pour héritiers les enfants ou descendants légitimaires quand il y en avait, puis il fixa les règles de la détraction de la quarte falcidie ou trébellianique, que l'héritier avait droit de retenir sur les legs et les fidéicommis ; il donna aux légitimaires le droit de réclamer cette quarte, et, en outre, de retenir les biens qui leur auraient été donnés autrement, en les imputant sur leur légitime ; enfin, il statua sur les clauses codicillaires et autres analogues. Le titre IV fut consacré à diverses *dispositions particulières*, dont la plus importante est la prohibition des testaments mutuels ou conjonctifs, par lesquels deux personnes feraient leurs dernières dispositions dans un seul et même acte.

Cette ordonnance se tint plus strictement encore que la première dans les questions de formes. D'Aguesseau ne toucha ni au fond des questions de légitime et de quotité disponible, qui n'avaient pas mûri depuis l'ordonnance sur les donations, ni aux effets des diverses dispositions testamentaires. Son œuvre n'avait plus le même caractère de généralité, ni dans son objet, ni dans l'étendue territoriale de son application : la profonde scission des jurisprudences s'y opposait. Aussi des controverses spéciales et secondaires, aujourd'hui sans intérêt, y ont-elles une grande place. Ce qui en est resté, c'est la détermination exacte des formes diverses des testaments, qui ont passé avec de légères modifications dans le droit actuel, et peuvent aujourd'hui s'employer généralement dans toute la France.

22. L'ordonnance de 1747 porta sur une matière importante, non-seulement au point de vue de la fortune privée et de la famille, mais encore à celui des intérêts généraux et de l'économie politique, sur les *substitutions*.

Il y avait, dans l'organisation de la société sous l'ancien régime, des institutions politiques et juridiques qui contrastaient par leur complication savante avec la rudesse et l'ignorance du temps où elles étaient nées. Il semblait que l'effort de l'intelligence se fût porté à combiner un système plein de ressorts ingénieux, et dont le but final était l'asservissement perpétuel d'une partie de la nation, la stérilité du sol et la misère du plus grand nombre. D'où venait ce mal, dont les substitutions étaient un des principaux symptômes?

Dans la noblesse guerrière, imprévoyante du moyen âge, pour qui le travail et l'épargne étaient un déshonneur, vivait cependant le désir de perpétuer la splendeur et la domination de la race, de transmettre à travers les siècles la fortune destinée à les soutenir. Ce n'était pas, comme à Rome, le nom même de l'individu qui passait à ses descendants et les suivait dans tout le cours des temps, c'était dans la terre, dans le sol, que la noblesse cherchait la perpétuité; à cette terre qu'elle ne voulait pas cultiver, elle demandait ses noms, les sources de sa richesse et de sa puissance. Mais comment la garder à perpétuité, cette terre conquise d'abord par les armes? Là où la transmission de la propriété est libre, celui qui possède ne peut conserver que par le travail et la vigilance; pour se maintenir même, il lui faut un effort; à côté de lui, ceux qui travaillent et épargnent sont des rivaux toujours prêts à conquérir à prix d'argent la fortune qu'il négligera. De cette rivalité naît l'instabilité des fortunes, la répartition incessante de la richesse, qui abandonne l'oisif et va trouver l'industrieux : le travail est encouragé et récompensé. Ce bien en produit un autre : l'augmentation du travail amène l'augmentation de production; chacun, cherchant à conserver ou à conquérir, fait rendre à la terre tout ce qu'elle peut donner; il augmente les ressources qui se distribuent entre les hommes et concourent à l'aisance générale. La justice et l'intérêt du bonheur commun y trouvent donc en même temps leur compte.

Mais ce n'était pas là l'idéal du moyen âge. L'homme de guerre voulait fixer à perpétuité le sol entre ses mains; il ne voulait pas travailler. De là une foule d'institutions artificielles et savantes destinées à empêcher le va-et-vient de la fortune immobilière, à la retenir dans les mêmes mains. Ce fut d'abord la formule féodale : *Nulle terre sans seigneur*, c'est-à-dire point de propriété parfaitement libre et entière pour ceux de la classe inférieure, point d'affranchissement possible par le travail. Mais il fallait combiner un système pour la pratique de cette formule : le système fut trouvé.

L'organisation des rentes perpétuelles et foncières, des redevances féodales de toute nature, fournirent un premier moyen d'assurer aux possesseurs de fiefs la propriété du sol et ses avantages honorifiques. C'était une sorte d'emphytéose perpétuelle : le seigneur conservait le *domaine direct et éminent*, représenté par la redevance qui lui était payée à perpétuité ; la culture et la jouissance en nature étaient abandonnées sous le nom de *domaine utile* au tenancier, qui exploitait à ses risques et périls, mais sans jamais pouvoir acquérir par le rachat de sa redevance une propriété libre et incommutable, sans pouvoir non plus espérer de la transmettre à autrui. Les biens se trouvaient ainsi dans une sorte d'indivision perpétuelle entre le seigneur et le tenancier ; ils étaient retirés de la circulation, et par là toute émulation disparaissait : le travail du cultivateur et la production se bornaient au strict nécessaire.

Mais cette organisation, toute vicieuse qu'elle fût, n'était pas un obstacle absolu à la transmission de ces démembrements artificiels de la propriété; elle ne mettait pas les biens hors du commerce. Le droit du moyen âge, qui avait trouvé dans l'emphytéose romaine le germe de cette institution, qui l'avait généralisée et adaptée avec un art merveilleux à l'idée politique du temps, transforma aussi, pour arriver plus sûrement à la conservation du bien dans les grandes familles, une autre institution romaine, les fidéicommis graduels. Un testateur ou un donateur purent, en transmettant leurs biens à une personne, lui imposer la charge de les conserver pendant sa vie, pour les rendre à sa mort à telle autre personne déterminée, par exemple à un fils aîné; puis imposer à cette autre personne la charge de les conserver pour une troisième, et ainsi de suite : c'était là ce qu'on appelait une substitution fidéicommissaire. On voit le résultat : les biens étaient inaliénables pendant plusieurs générations; chacun des propriétaires successivement grevés de ces fidéicommis avait les dehors de la propriété; il n'en avait pas la réalité. Quant à lui, sûr de conserver pendant sa vie parce qu'il était chargé de rendre, il n'était encouragé à améliorer ni par la crainte de perdre, ni par l'espoir d'acquérir, ni même par le désir de transmettre des biens plus considérables à l'héritier de son choix, puisque cet héritier était tout désigné. Il ne pouvait faire d'échanges avantageux : les emprunts les plus nécessaires lui étaient interdits; ce n'était donc pas du propriétaire grevé de restitution, qu'on pouvait attendre l'amélioration du sol. Mais ce n'était pas tout : le grand nombre des substitutions absorbait la meilleure partie de la fortune du pays; ceux qui n'étaient pas propriétaires de biens substitués ne pouvaient espérer d'acquérir de pareils biens, inaliénables qu'ils étaient : c'était donc autant d'enlevé à l'émulation, à l'encouragement du travail, de l'épargne et de la production. Le crédit était aussi gravement atteint : le créancier qui prêtait à un propriétaire grevé de substitution ne pouvait qu'être trompé par l'apparence d'une fortune, indisponible en réalité.

Ainsi, de toutes parts, les efforts individuels étaient découragés par l'existence de ces substitutions. On conçoit également la multiplicité des procès que devait susciter une institution aussi compliquée, et qui créait une si longue incertitude dans la propriété : à l'ouverture de chaque degré de substitution, les appelés avaient à plaider soit entre eux, soit contre les héritiers, créanciers ou acquéreurs du grevé, sur l'existence ou l'étendue de la substitution.

Enfin, les sentiments de la nature, l'ordre régulier des successions étaient contrariés comme les lois économiques. Les substitutions constituaient, en effet, de véritables lois de succession faites par les particuliers; elles avaient, de plus que les lois ordinaires, le pouvoir de transmettre le patrimoine sans aucune altération, et d'enlever à ceux qui succédaient le pouvoir de disposition. M. Rossi a dit, en parlant de ces substitutions (*Cours d'économie politique*, t. II, p. 156-161) : « Il est des lois qui ôtent pour ainsi dire à la terre sa puissance productrice, et la rendent stérile dans la main de ses possesseurs. Ce sont toutes les lois, de succession ou autres, qui ne laissent pas au détenteur actuel un intérêt suffisant pour faire de la terre le meilleur emploi possible, même en sacrifiant le présent à l'avenir : ce sont ces lois qui luttent contre la nature même des choses et les tendances légitimes du cœur humain. » Et plus loin : « C'est ainsi que la vanité ou le caprice d'un seul prenait la place de la loi, et enlevait à tout jamais la faculté de tester à ses successeurs. La liberté des testateurs s'anéantissait, comme toutes les libertés, par l'abus : la licence d'un petit nombre imposait à tous les autres une sorte de servitude. »

Les substitutions, nous l'avons dit, s'étendaient à plusieurs degrés ou générations, quelquefois à l'infini. En vain des ordonnances de 1560 et de 1566 les avaient réduites d'abord à quatre, puis à deux degrés. Ces lois n'avaient reçu qu'une exécution incomplète, et l'incertitude de la législation était devenue presque aussi fâcheuse que l'inconvénient de l'institution elle-même.

D'Aguesseau conçut le projet de tarir ces difficultés, qui, dit-il dans son préambule, se renouvelaient presque à chaque ouverture de substitution ; il voulut en même temps, et par une voie détournée, restreindre le plus possible les substitutions elles-mêmes. Mais de nombreux obstacles l'attendaient dans l'exécution de ce dessein : d'abord la difficulté et le nombre des questions à résoudre, puis la divergence des opinions et la résistance aux innovations.

On est étonné, quand on parcourt les demandes adressées par d'Aguesseau aux parlements et les réponses qu'il fit lui-même résumer, de la multiplicité infinie de questions qui s'élevaient sur les objets qui pouvaient être substitués, sur les clauses permises ou défendues dans les substitutions, sur les effets de la caducité de l'institution principale, etc., et on est encore plus confondu de la diversité des réponses qui y ont été faites : sur chaque point différent, autant de parlements, autant de jurisprudences.

Sur le principe même des substitutions, même embarras. D'Aguesseau voulait les restreindre et les organiser de la façon la plus avantageuse aux appelés et aux tiers. Mais qu'on juge de ses préoccupations en présence des réclamations opposées qui lui viennent de toutes parts, et auxquelles il répond presque contradictoirement !

Au premier président d'Aix, qui lui propose l'abrogation complète des substitutions, il écrit : « L'abrogation entière de tout fidéicommis serait peut-être, comme vous le pensez, la meilleure de toutes les lois... ; mais j'ai peur, » etc.

Au contraire, à ceux qui croyaient les substitutions indispensables et craignaient de les voir menacées, il dit, dans le préambule même de l'ordonnance : « Loin de vouloir donner la moindre atteinte à la liberté de faire des substitutions, nous ne nous sommes proposé que de la rendre plus utile aux familles. »

L'ordonnance de 1747 est divisée en deux parties : la première contient les règles générales sur les objets qui peuvent être substitués, sur l'ouverture des substitutions, leur caducité, leurs conditions de validité, sur le nombre de degrés permis dans les substitutions, et enfin sur la valeur de celles qui avaient été faites avant l'ordonnance. Cette partie, qui touche au fond même du droit, ne put être traitée qu'avec les plus grands ménagements : les réformes avaient besoin surtout de prendre la forme interprétative, et de ne pas choquer ouvertement les idées reçues dans les parlements. Cependant, à travers cette réserve, on distingue une tendance à restreindre le plus possible les substitutions, que la Révolution seule devait abolir. Ainsi, la limitation des substitutions à deux degrés, déjà établie en législation, mais méconnue dans la pratique, fut maintenue avec sévérité. D'autre part, les substitutions de meubles, qui pouvaient donner lieu à tant de difficultés, à cause du conflit du droit des appelés avec le droit des tiers acquéreurs et la règle qu'en fait de meubles possession vaut titre, ces substitutions de meubles furent réglées de façon à éviter de graves inconvénients. Tout mobilier compris dans une substitution devait être immédiatement employé en acquisition d'immeubles ou en placements, de façon à pouvoir se retrouver et se suivre ; on n'exceptait de cette disposition que les bestiaux attachés à la culture des terres et l'ameublement des châteaux, qu'il était permis de conserver en nature après en avoir fait un état. L'ordonnance, dans cette première partie, prohibait également les substitutions dites *conjecturales* ou *sous double condition*.

La seconde partie de l'ordonnance a un caractère plus réglementaire : elle contient, d'une part, les formalités à remplir pour conserver les droits des appelés ; et, de l'autre, les mesures destinées à sauvegarder l'intérêt des tiers. Dans l'intérêt des appelés, sont établies la nécessité de nommer un tuteur à la substitution, celle de faire un état du mobilier et d'en opérer le placement, l'obligation imposée au grevé de veiller à la nomination du tuteur et de jouir en bon père de famille. Dans l'intérêt des tiers, qui peuvent être appelés à contracter avec le grevé, et qui seraient trompés s'ils n'étaient avertis que les biens substitués sont inaliénables entre ses mains, l'ordonnance prescrit d'autres mesures : la principale est la publication et l'enregistrement au greffe des bailliages de toute substitution. Cette formalité, analogue à l'insinuation des donations, est prescrite avec les mêmes conditions, et la même sanction y est attachée : toute personne intéressée à ce qu'il n'y ait pas substitution pourra invoquer le défaut de publication et d'enregistrement, à moins qu'elle n'ait été chargée elle-même d'y veiller. Ces règles ont passé presque intégralement dans notre Code pour régler les substitutions, dans les cas exceptionnels où elles sont permises (art. 1048-1075 C. N.).

23. Au mois d'août 1749, parut l'édit sur les *établissements et acquisitions des biens de mainmorte*. Cet édit, d'après son préambule, devait remédier « aux inconvénients de la multiplication des établissements de mainmorte, et de la facilité qu'ils trouvaient à acquérir des fonds naturellement destinés à la subsistance et à la conservation du bien dans les familles. »

Aussi les premiers articles de cet édit prohibent l'établissement de toute congrégation, maison ou communauté religieuse, ou autre personne de mainmorte, si ce n'est en vertu de lettres patentes du roi, enregistrées au parlement. Ils défendent particulièrement l'établissement de semblables communautés par acte de dernière volonté ; car il arrivait souvent que les testateurs cherchaient à perpétuer leur nom en l'attachant à de pareilles fondations, au détriment de leurs héritiers légitimes. L'édit règle en même temps les formes de l'autorisation royale, qui ne peut être accordée qu'après des informations prises auprès des évêques et des officiers municipaux dans la juridiction desquels doivent se trouver les établissements.

La seconde partie de l'édit fait défense à tous gens de mainmorte, même autorisés, d'acquérir, recevoir, posséder aucuns fonds de terre, maisons, droits réels, rentes foncières ou constituées sur des particuliers, si ce n'est après avoir obtenu des lettres patentes du roi dans certaines formes et conditions. Cette prohibition comprend les acquisitions à titre onéreux aussi bien que celles à titre gratuit ; mais, de plus, l'acquisition par voie de legs des biens ainsi énumérés était absolument interdite et ne pouvait être autorisée par le roi. En revanche, les gens de mainmorte pouvaient recevoir, de quelque façon que ce fût, de l'argent ou autres choses mobilières, des rentes constituées sur le roi, le clergé, ou sur des corps ou communautés.

« Dans ce monument autant de droit public que de droit privé, dit M. Laferrière, d'Aguesseau rétablit courageusement les droits de la société générale et ceux des familles contre les faiblesses des testateurs et contre la puissance des corporations ecclésiastiques qui tendaient à envahir la plus grande partie du territoire. » (*Essai sur l'histoire du droit français*, t. Ier, p. 401.)

A un autre point de vue plus moderne, la restriction apportée à la liberté d'acquérir pour les corporations peut encore se justifier : c'est au point de vue économique, à raison de l'intérêt de la circulation des biens, de cette transmissibilité qui seule peut les rendre productifs. Mais ce point de vue préoccupait plus faiblement d'Aguesseau, que l'intérêt de la prérogative royale et celui des familles : ce sont ces deux dernières idées qui ont inspiré l'œuvre entière du grand chancelier.

Dans toutes ses ordonnances, il a cherché à faire prévaloir l'unité monarchique contre la diversité des usages et des jurisprudences, à affaiblir l'individualité des corps placés en dehors de la royauté. Dans toutes celles que nous avons examinées, il a cherché (et c'est là son second objet) à assurer la conservation de la fortune, tout au moins de la fortune immobilière, et à la perpétuer dans les familles. Que sont, en effet, les ordonnances sur les donations et les testaments, sinon des restrictions à la faculté de dépouiller la famille ? Les formalités en sont instituées en haine de la donation et du testament, et non pas, comme dans le droit actuel, dans l'intérêt du crédit public ; aussi les nombreuses nullités qui en résultent peuvent toujours être invoquées par les héritiers du donateur ou testateur. Dans l'ordonnance des substitutions, c'est encore la famille que protége d'Aguesseau ; car s'il les atteint, ce n'est pas surtout parce qu'elles tendent à enlever les biens au commerce et à les conserver inaliénables, c'est parce qu'elles les conservent pour d'autres que les véritables héritiers. Enfin, nous venons de voir l'ordonnance sur les biens de mainmorte destinée à empêcher de trop grandes libéralités de la part des testateurs ou donateurs.

D'Aguesseau fut donc avant tout un conservateur : c'était l'esprit de l'ancienne magistrature. Il était si peu préoccupé des besoins du crédit et du commerce, qu'il repoussait la publicité des hypothèques. Et cependant, ses travaux ont puissamment servi le progrès législatif, d'abord à cause de l'unité vers laquelle ils tendent toujours, ensuite à cause de l'étude approfondie des difficultés qu'ils doivent trancher. Il a pu servir de modèle aux rédacteurs de notre Code, non-seulement par ce qu'ils ont pu lui emprunter matériellement, mais encore par sa méthode exacte et rigoureuse.

24. D'Aguesseau ne crut pas son rôle fini quand il eut fait publier ses Ordonnances ; il ne pensa pas qu'elles pussent se passer d'être éclairées et vivifiées par les ouvrages des jurisconsultes. Loin d'imaginer, comme Justinien, qu'une œuvre législative dût se suffire à elle-même, et que tout commentaire dût être proscrit comme dangereux, il encouragea les écrivains, les savants.

Pénétré de cette idée que l'étude du droit romain était la seule où les jeunes gens qui commençaient l'apprentissage du droit pussent puiser l'esprit de méthode et d'unité, trouver un ensemble de principes facile à dégager tout d'abord, il seconda de tout son pouvoir un immense travail sur les *Pandectes de Justinien* : c'était l'œuvre laborieuse d'un savant encore inconnu, d'un magistrat du présidial d'Orléans : c'était le premier travail de Pothier. En 1748, l'œuvre fut menée à sa fin après vingt-cinq ans de recherches et de soins, et le chancelier en accepta la dédicace ; puis il encouragea Pothier dans un travail de généralisation du droit coutumier, dont le premier essai devait se trouver dans un commentaire de la Coutume d'Orléans. Enfin, quelques mois avant sa mort, et par lettres patentes du 20 janvier 1750, il le fit nommer à la chaire de droit français en l'université d'Orléans, avec dispense de se démettre de ses autres offices : on peut dire qu'il léguait Pothier à la science.

D'autres jurisconsultes, sous les auspices de d'Aguesseau, semblèrent prendre pour mission particulière d'éclairer par des commentaires les ordonnances mêmes qui avaient été rendues sur son initiative. Parmi eux se distinguèrent Sallé, avocat au parlement de Paris, et Furgole, avocat au parlement de Toulouse.

Sallé, dans son ouvrage intitulé : *Esprit des ordonnnaces de Louis XV*, se proposa de faire ressortir quelles difficultés ces ordonnances avaient eu pour objet de trancher. Dans ce but, après de courtes introductions, il indique sur chaque article l'état antérieur du droit, les divisions des auteurs et de la jurisprudence, et fixe avec précision la portée de la disposition nouvelle. Il fait ensuite connaître quelles questions se trouvent implicitement résolues ; quelquefois il prévoit des difficultés nouvelles, et en adapte également la solution avec la législation de d'Aguesseau. Son érudition est sûre et précise, sans être surchargée d'aucun détail inutile : ses explications sont claires, nettes et substantielles.

Furgole, de son côté, écrivit sur les donations, sur les testaments, sur les substitutions. Soit qu'il prît la forme du commentaire ou celle du traité, ou enfin qu'il procédât par questions détachées, il développa comme jurisconsulte l'œuvre législative de d'Aguesseau. Ses travaux, un peu lourds, chargés d'une érudition diffuse, semblent avoir eu la prétention de ne rien omettre. Ils popularisèrent dans les pays de droit écrit l'œuvre de d'Aguesseau, et servirent à la répandre en même temps qu'à la combiner avec les anciens principes. D'Aguesseau protégea particulièrement Furgole, dont l'influence dans son pays devait être utile au succès des ordonnances, en même temps que son talent réel méritait des encouragements.

CHAPITRE IV.

LES TRAVAUX DE POTHIER. — SES PREMIERS OUVRAGES.

25. Caractère de Pothier.
26. Son ouvrage sur les Pandectes de Justinien.
27. Commentaire de la Coutume d'Orléans.
28. Traité des obligations.

25. Pothier, lorsqu'il commença à écrire sur le droit français, était déjà avancé en âge : des études immenses avaient mûri son esprit. Il avait cherché la vérité dans le droit avec la patience d'un savant et la conscience d'un homme profondément honnête. Il ne se contentait pas d'étudier les textes législatifs et les écrits des jurisconsultes; il en comparait toujours les solutions avec la morale et l'équité. Les soins qu'il mettait à s'entourer de toutes les autorités étaient eux-mêmes une affaire de conscience : il cherchait la vérité partout où il espérait la trouver, bien plus qu'il ne voulait faire œuvre d'érudition. A chaque instant, on le voit consulter non-seulement les anciens auteurs, mais encore ceux de son temps; lors même qu'il tient le premier rang, il leur demande conseil sur ses ouvrages, se réforme sur leurs avis quand ils lui paraissent fondés; et s'il refuse parfois de s'y soumettre, c'est sans aigreur et sans faux air de supériorité; zélé pour la vérité, indifférent aux satisfactions d'amour-propre, il n'a jamais de ces partis pris qui avaient parfois égaré Dumoulin lui-même. Il a le désintéressement, aussi utile chez les savants pour le progrès de la science que les connaissances elles-mêmes.

26. Pothier débuta dans la carrière d'écrivain jurisconsulte par la publication de ses *Pandectes*. Il se proposait là un simple travail de classification et de coordination, mais il était immense : il s'agissait de ramener à un plan méthodique et naturel les nombreux fragments de jurisconsultes alignés avec tant de confusion dans la compilation de Justinien. On a cru retrouver de nos jours le plan d'après lequel avait été faite cette compilation. Les commissaires de Justinien avaient d'abord

déterminé les divisions générales du sujet, en suivant à peu près l'ordre de l'édit du préteur; puis le travail à faire sur chaque titre avait été partagé entre les professeurs des trois années de droit à Constantinople : ceux de la première année, chargés d'enseigner les ouvrages de Sabinus et de ses commentateurs, en extrayaient les passages relatifs à chaque matière; ceux de la deuxième année opéraient de même sur les auteurs qui faisaient la matière de leur enseignement, les commentateurs de l'édit; enfin, les professeurs de troisième année puisaient dans Papinien la substance de leur travail. Ces travaux avaient été ensuite juxtaposés sur chacun des titres, et formaient trois séries, à peine interverties parfois pour placer en tête du sujet les définitions essentielles; mais on n'avait aucune suite dans les idées; les développements étaient isolés de leurs principes et répandus çà et là : tel est pourtant l'ensemble dans lequel il faut retrouver l'ancien droit romain, ce modèle de sagesse législative et doctrinale.

L'incohérence de ce grand ouvrage, jointe aux subtilités que n'avait pu éviter l'esprit si net des jurisconsultes romains, encore arrêté par les prescriptions formalistes de leur ancienne législation, avait fait négliger à certaines époques, et notamment au dix-huitième siècle, l'étude du droit romain dans les universités françaises.

Après le grand mouvement du seizième siècle, la stérilité avait pesé sur le droit romain bien plus que sur le droit national. L'esprit français hait deux choses : le défaut de méthode et la subtilité; et c'étaient précisément les deux défauts que présentait l'étude du droit romain. Mais Pothier était un de ces esprits laborieux qui savent découvrir les trésors au prix de la fatigue et de l'ennui. Il avait compris, en étudiant le droit romain, tout ce que ses décisions renfermaient de sagesse et avaient encore d'applicable au droit moderne. Il s'attacha donc à les rendre accessibles en suppléant à la méthode si vicieuse des compilations de Justinien; quant aux subtilités, il était obligé de les accepter dans son travail, sauf à les expliquer de la façon la plus simple possible.

Les *Pandectes* furent une œuvre préparatoire à l'exposition du droit français, et elles eurent une utilité incontestable. Exposer sous leur vrai jour et dans leur ordre logique toutes les règles du droit romain, faire dominer et au besoin suppléer les principes généraux, indiquer les rapports de ces principes avec leurs conséquences, coordonner et généraliser toutes ces matières diverses, c'était en quelque sorte leur donner la vie. Si cette œuvre n'exigeait pas une grande originalité dans les détails, elle voulait de la sûreté dans les plans et un labeur infatigable : il fallait classer les textes, et souvent les concilier entre eux, mais brièvement et sans perdre de vue que l'ouvrage devait conserver un caractère d'exposition générale; à tout ce qui soulevait une difficulté, de courtes notes devaient suffire. Pothier soumit à diverses reprises son travail à ses amis et aux jurisconsultes de l'époque, en sollicitant leurs observations. D'Aguesseau lui-même, malgré ses nombreuses occupations, se fit communiquer l'ouvrage de Pothier, l'aida de ses conseils et de ses encouragements.

Malgré tant de soins consciencieux, un pareil travail ne fut pas du goût de tous les esprits; il déplut à cette classe de jurisconsultes, assez nombreux en Allemagne, qui veut faire du droit une science inaccessible aux profanes, un prétexte à systèmes et à dissertations. Quoi! ces décisions si savantes, cette terminologie abstraite inventée et multipliée à plaisir, ces classifications où l'on se reconnaissait à peine, tout cela devait faire place à un ordre simple et naturel! Quoi encore! toutes ces explications historiques, littéraires, ces vastes dissertations pour préciser le sens d'un texte, seraient remplacées par une note de deux lignes! Toutes ces choses qui avaient donné tant de peine à de grands docteurs s'expliqueraient clairement, sans ambages ni circonlocutions, et comme si elles étaient les plus naturelles du monde! — Le *Journal des Savants*, de Leipzig, se fit l'organe de ce dépit des érudits, qui regardaient comme une profanation de rendre accessible à tous ce qu'ils avaient conquis au prix de laborieux efforts. Il accusa Pothier d'avoir mutilé et rabaissé la science dans une compilation sans talent et sans originalité, indigne d'un jurisconsulte.

Pothier, s'il connut ces attaques, les dédaigna, et les faits répondirent pour lui à d'injustes accusations : le droit romain, longtemps négligé à cause des subtilités ajoutées par les modernes à celles qu'il contenait déjà, put être de nouveau cultivé avec fruit; car si la profondeur est nécessaire à la fin de toute science, la clarté ne l'est pas moins à ses débuts.

Mais nous n'avons pas à nous occuper principalement de l'influence qu'eurent les *Pandectes* de Pothier sur l'étude du droit romain ; nous les mentionnons surtout parce qu'elles furent la préparation de ses traités de droit civil français. Pothier, par l'étude complète du droit romain, avait été mis à même de comprendre tout ce qu'il pouvait contenir de décisions utiles pour la pratique, avec quel sens profond y étaient résolues les difficultés de chaque jour. Négligeant un peu tout ce qui était histoire, singularité de mœurs ou d'institutions, il s'attachait aux déductions des principes éternels de toutes les législations ; il y trouvait des matériaux pour l'exposition du droit français.

Cependant, ce n'est que douze ans après la publication de ses Pandectes qu'il mit au jour son premier livre de droit français. Car les *Pandectes*, dont les premiers essais avaient été communiqués à d'Aguesseau en 1735 par l'intermédiaire de Prévost de la Janès, collègue de Pothier au présidial d'Orléans, avaient paru en 1748. En 1760, Pothier publia le *Commentaire de la Coutume d'Orléans*.

27. Il n'avait d'abord eu l'idée que de publier une nouvelle édition de cette Coutume, avec quelques notes explicatives. Il avait entrepris ce travail avec Prévost de la Janès, et cet essai avait été favorablement accueilli. Mais plus tard les vues de Pothier s'agrandirent ; de ce commentaire imparfait, il tira un véritable traité sommaire du droit coutumier. La forme primitive des annotations sur chaque article était dès lors insuffisante. On sait ce qu'étaient les anciennes Coutumes : des séries de dispositions sur des points détachés, derrière lesquelles il fallait nécessairement sous-entendre toutes les règles générales. Par le commentaire purement exégétique, on s'exposait à tomber dans des détails sans intérêt, sans ordre et sans unité. Pothier crut donc que son rôle n'était pas seulement d'examiner l'une après l'autre les dispositions diverses qui composaient la Coutume d'Orléans, mais au contraire de les reléguer sur le second plan.

Habitué par l'étude méthodique du droit romain à chercher dans toute législation un ensemble de règles générales qui président aux décisions particulières, il introduisit cette façon de procéder dans l'étude de la Coutume d'Orléans, de manière à y enfermer presque tout ce qu'il y avait d'essentiel dans le droit coutumier en général.

En tête de son ouvrage, il plaça une *Introduction générale au droit coutumier*, contenant les définitions et l'origine de ce droit, l'étendue de son application suivant les différents ressorts et suivant les différents objets sur lesquels portaient ses dispositions : il formula ainsi la théorie des *statuts réels* et des *statuts personnels*, et de là fut conduit à établir celle du *domicile*, si importante encore aujourd'hui.

Puis, dans un second chapitre, au moyen de divisions admirables de précision et de clarté, il établit toutes les différentes distinctions des *personnes* et des *biens*, distinctions multipliées par les institutions extraordinaires du moyen âge, par le système féodal, par le régime de la transmission des biens dans les familles. Toutes ces distinctions, étudiées à part dans l'ouvrage de Pothier, et devenues indépendantes les unes des autres, fixent l'esprit sur chacun des objets du droit.

Une science, selon le mot de Condillac, n'est qu'une langue bien faite. Or, les premiers éléments d'une langue sont les définitions. Pothier le comprit ainsi, et embrassant successivement dans son cadre les différentes dénominations juridiques que pouvaient prendre les personnes et les choses, il put présenter à l'esprit, sans jamais revenir sur ses pas ni entrer dans des digressions inattendues, un tableau succinct et complet des institutions coutumières. Et pourtant, toutes ces divisions et définitions, il avait fallu les chercher en dehors des textes de la Coutume, qui indiquaient les choses sans les définir et en supposaient la connaissance acquise.

Ce travail d'introduction générale se reproduit sur une moindre échelle pour chaque titre de la Coutume. Pothier ne se jette pas dès le début *in medias res ;* il n'aborde pas article par article les textes de la Coutume. Une introduction spéciale établit les divisions et les définitions de chaque matière, en dégage les règles générales pour en tirer les conséquences ou en indiquer les dérogations. Toutes ces introductions exigeaient un travail considérable : d'abord une étude attentive du texte lui-même, pour découvrir le principe générateur de chaque disposition ; puis le classement et la discussion des décisions : travail de généralisation et de détail à la fois.

Les introductions de Pothier sur les différents titres de la Coutume d'Orléans sont de véritables traités, des tableaux résumés, mais complets, de chaque partie du droit coutumier. On peut véritablement les comparer à des titres du Digeste, tels que Pothier les avait précédemment mis en ordre; seulement sa tâche en présence de la Coutume, si elle était moins longue, était bien plus difficile, car il lui fallait suppléer ce qui dans le droit romain était presque toujours donné par le texte lui-même.

Parmi les introductions les plus remarquables de l'ouvrage, on peut citer celles du titre *des Fiefs* (titre Ier), du titre *de la Communauté entre homme et femme* (titre X), de *la Société* (titre XI), des *Donations entre-vifs et en mariage* (titre XV), des *Testaments et donations testamentaires* (titre XVI). Après ces traités, où ressort l'unité et la simplicité des principes, l'étude des textes devient secondaire et facile. Au lieu d'un fastidieux commentaire, on n'a plus besoin que de courtes notes pour expliquer les expressions vieillies ou obscures, pour rappeler des controverses déjà indiquées dans l'introduction, ou les extensions données au texte par l'interprétation. Au lieu du commentaire d'une Coutume, on a tout l'esprit du droit coutumier.

Nous avons insisté sur cet ouvrage, parce qu'il montre chez Pothier l'attachement aux idées générales qui faisaient le fond de toutes les Coutumes plutôt qu'aux détails qui les séparaient. Cette tendance le dirigea constamment, et quelques-unes de ses introductions sont comme le programme et l'ébauche des traités qu'il publia plus tard.

28. Ainsi préparé par l'étude du droit romain et du droit coutumier, et par l'application d'une commune méthode à l'un et à l'autre, Pothier publia en 1761 son *Traité des Obligations*, le plus beau de ses ouvrages. Là, en l'absence de textes précis et d'un enchaînement facile, il lui fallut presque tout tirer de son propre fonds. Il avait bien un modèle, Domat; mais Domat, trop attaché aux principes du droit romain, en avait quelquefois exposé les doctrines sans les approfondir suffisamment au point de vue pratique; il avait trop négligé les formules de la doctrine moderne, et son ouvrage ne présentait pas pour l'application une sûreté suffisante; d'ailleurs sa théorie des obligations était un peu perdue dans l'encyclopédie juridique de son traité des lois civiles.

Pothier, au contraire, creusa la matière à fond.

Il commence par établir les différentes causes des obligations, qui résultent soit des contrats, soit des quasi-contrats, soit des délits, soit des quasi-délits, soit quelquefois du seul effet de la loi. Après avoir défini chacune de ces sources d'obligations, il aborde l'étude de la plus importante : les contrats. Il établit nettement comment ils résultent du concours de deux volontés au même moment; comment ce concours seul leur donne la force obligatoire; il les distingue par conséquent de la pollicitation, ou offre non acceptée, qui ne lie même pas celui qui l'a faite, tant que l'autre partie n'a pas déclaré vouloir en profiter. Puis il établit la division des contrats en synallagmatiques et unilatéraux, réels et consensuels, etc.

Après ces généralités, Pothier entre dans l'examen des éléments du contrat et des vices qui peuvent l'infecter. Il envisage successivement l'erreur, la violence, le dol, la lésion, le défaut de cause, le défaut de lien. Ensuite, du contrat pris en lui-même, il passe aux qualités des personnes qui peuvent y prendre part; il étudie celles qui sont capables ou non de contracter; et, enfin, il s'occupe de l'objet du contrat. Dans cette étude des éléments constitutifs du contrat, et des accidents qui peuvent en détruire la force, on ne trouve peut-être pas une théorie abstraite assez nettement scientifique, une distinction assez précise des éléments indispensables à l'existence même du contrat et dont l'absence fait qu'il n'y a pas contrat, d'avec ces autres circonstances nécessaires pour que le contrat existant soit juridiquement inattaquable; en d'autres termes, il ne pose pas bien formellement la distinction entre les causes de nullité absolue et celles d'annulabilité relative. Mais les questions prises une à une sont traitées avec un sens si judicieux, il circule dans toutes les déductions un tel souffle de probité et de bonne foi, les décisions sont si pratiques, qu'on oublie bien vite les légers défauts de la méthode. Si ces cas particuliers et curieux qui se trouvent sur la limite des théories peuvent parfois n'être pas très-clairement prévus, les questions d'une importance quotidienne sont résolues de la façon la plus sûre. Ce mérite se retrouve encore dans l'examen de la validité des stipulations et engagements pour autrui et dans les règles d'interprétation des conventions.

L'effet des obligations est ensuite établi : c'est le droit de poursuite du créancier, et le droit aux dommages-intérêts en cas d'inexécution ; il faut fixer l'estimation de ces dommages-intérêts d'après le gain manqué et la perte soufferte (*lucrum cessans, damnum emergens*). Pothier étudie avec scrupule les applications de cette règle.

Dans la seconde partie de son traité, il aborde les diverses modalités des obligations : obligations pures et simples, à terme, conditionnelles ; — alternatives ou facultatives, — solidaires soit de la part des créanciers, soit de la part des débiteurs, — divisibles ou indivisibles. Sur tous ces points il donne des notions claires et justes que les rédacteurs du Code n'ont eu qu'à abréger. S'il faiblit un peu, c'est dans l'exposé des obligations indivisibles, matière dont les obscurités n'avaient pu être dissipées par l'audacieux génie de Dumoulin dans son *Extricatio labyrinthi dividui et individui*, et dont les subtilités ne convenaient point à l'esprit positif de Pothier. Enfin, à propos de la distinction des obligations principales et accessoires, Pothier donne un véritable traité des fidéjusseurs et des cautions, où il indique l'étendue de leurs obligations et les divers bénéfices qui leur sont accordés (bénéfices de division, de discussion, de cession d'action).

Une troisième partie est consacrée à l'extinction des obligations par payement, novation, confusion, compensation, perte de la chose, action en nullité ou en rescision, et enfin par prescription. Une quatrième partie est relative à la preuve : là se trouvent les règles de la preuve littérale ; puis celles de l'ordonnance de Moulins sur la preuve testimoniale, prohibée au-dessus de la valeur de 100 livres ; enfin l'aveu, le serment, les présomptions légales, et particulièrement l'autorité de la chose jugée.

On voit la variété des matières qu'embrassait ce traité sous de larges et claires divisions. Dans ce cadre tout nouveau venaient se réunir et se prêter un mutuel appui : le droit romain, qui fournissait les principes généraux ; les coutumes, la doctrine des auteurs et en particulier de Dumoulin, les dispositions des ordonnances. L'ensemble de l'ouvrage, animé par un profond sentiment du juste et de l'honnête, par des discussions sur les règles de la conscience et du for intérieur, pouvait rivaliser non-seulement avec les monuments juridiques que nous a transmis la sagesse des prudents de Rome, mais avec le traité *des Devoirs*, le plus parfait modèle de la morale antique. Faut-il s'étonner si un pareil travail a servi presque constamment de guide aux rédacteurs de notre Code, et si les quelques reproches qu'ils ont mérités viennent de ce qu'ils s'en sont parfois écartés?

29. Le *Traité des Obligations* fut le point de départ d'une série d'autres traités, qui en étaient comme le complément nécessaire, sur les différents contrats. Ces ouvrages ont tous ce caractère commun de s'attacher aux règles qui gouvernent les conventions, pour en développer l'esprit et les applications. Il est remarquable que l'un des moyens les plus énergiques de faciliter le développement de l'unité législative consiste à développer les éléments sur lesquels la volonté individuelle a le plus de prise, comme les règles des conventions et des testaments.

Quelques explications rendront cette pensée plus claire.

Les auteurs allemands distinguent deux sortes de règles de droit, selon les rapports auxquels elles président :

« Les unes commandent d'une manière nécessaire et invariable, sans laisser de place aux volontés individuelles : elles forment le *droit absolu* ou *impératif*. Leur caractère de nécessité peut tenir à l'organisme du droit lui-même, ou à des intérêts politiques, ou enfin à la morale.

« D'autres, au contraire, laissent un champ libre aux volontés individuelles ; et quand elles ont négligé de s'expliquer, alors seulement se présente la règle pour déterminer le rapport de droit. Les règles destinées à suppléer l'expression incomplète des volontés individuelles, on les appelle *droit supplétif*. » (De Savigny, *Traité du droit romain*, liv. Ier, chap. II, § 16.)

Chose remarquable, c'est dans la partie supplétive du droit, dans celle que peut modifier incessamment le caprice individuel, et non dans la partie impérative, qu'on trouve l'uniformité la plus constante. L'homme, tout ondoyant et divers qu'il paraisse, a plus de fixité que ses institutions, et les règles qui dépendent de son initiative, qui président à sa conduite de chaque jour sans être strictement obligatoires, sont plus invariables que celles où l'enferme invinciblement le législateur.

Sans doute, le droit purement impératif devrait être plus uniforme s'il ne se rattachait qu'aux principes de la morale ; et encore souffrirait-il bien des variétés dans l'application. Mais il suffit, pour voir combien il est souvent arbitraire, de jeter les yeux sur notre ancien droit français. Les points réglés par le droit impératif ou absolu, c'étaient l'état des personnes, la nature des biens, les modifications de la propriété, les successions, etc. Ce n'était point là qu'il fallait espérer l'unité. Car ce droit absolu ne l'est point dans le même sens que la morale ; il laisse beaucoup à l'arbitraire, non pas du simple particulier, mais du législateur ; il est, lui aussi, supplétif, en ce qu'il supplée d'une façon variable à des lacunes de la loi naturelle, en ce qu'il n'est souvent par lui-même ni juste ni injuste, et jouit dans ses applications, sinon dans son principe, d'une certaine latitude.

Prenons, par exemple, la légitime ou la réserve ; cette institution a son principe certain dans les préceptes de la loi naturelle ; mais la détermination positive, le chiffre, la limite précise, voilà où le législateur ne trouve dans la loi naturelle qu'un à-peu-près fort incertain. Et si on prend ensuite toutes les questions accessoires : faut-il être héritier pour avoir droit à la réserve? etc., nouvelle source d'embarras : autant de législations, autant de solutions possibles.

Ce n'est donc pas de ce côté qu'il faut chercher à obtenir l'unité quand on n'est pas législateur, et même si on est législateur, quand on n'est pas fortement soutenu par le sentiment public dans le désir d'une réforme. Du temps de Pothier en particulier, ce n'était pas vers le droit positif impératif, si on peut ainsi parler, que devaient se tourner les jurisconsultes. Que voyait-on, en effet, autour d'eux, à part ces grandes règles qui gouvernaient l'ensemble des coutumes, et qui avaient été dégagées à grand'peine, comme par exemple les caractères généraux de la communauté, du système successoral, caractères dont l'unité dominait la législation elle-même ? Au-dessous, et dans les détails d'application, on trouvait toute la diversité que peuvent offrir des lois et des coutumes rédigées à des époques différentes, et sous l'influence variable des mœurs, des besoins sociaux, des travaux scientifiques. Telle législation datait des Romains, telle autre était inspirée des mêmes principes que les *Assises de Jérusalem* ; une troisième était contemporaine des *Établissements de saint Louis ;* d'autres avaient été rédigées et réformées à l'époque des progrès de l'autorité monarchique, sous Louis XI ; d'autres enfin dataient du mouvement scientifique du seizième siècle, où elles avaient pris une forme nouvelle.

Pour mettre une unité complète dans ce chaos, un coup de violence était nécessaire. Mais il y avait un moyen préparatoire offert aux jurisconsultes, c'était le développement de cet élément supplétif ou conventionnel dont nous avons parlé, et qui, grâce à la liberté qu'il laisse aux actes de l'homme, vient restreindre le domaine du droit impératif et absolu. L'organisation régulière de la loi des contrats et des obligations est l'instrument le plus puissant de rapprochement entre les diverses parties d'un même pays.

En vain objecterait-on que le droit des obligations, sur lequel les volontés individuelles ont tant de prise, doit par là manquer de fixité. Il en a plus en réalité que le droit impératif. Le droit impératif est fait par des hommes d'époques différentes et soumis à des influences variables ; le droit qui règle les effets de la volonté, au contraire, est fait par l'homme, toujours semblable à lui-même et pénétré des mêmes besoins. D'Aguesseau l'avait reconnu quand, dans ses Instructions sur la profession d'avocat général, il recommandait de commencer l'étude du droit par les obligations, comme étant fondées « sur les premières notions de la justice naturelle, » tandis que dans les autres matières « il y a plus de mélange de droit arbitraire et positif. » (4e Instruction, § *Du droit civil ou romain.*)

Faut-il d'ailleurs montrer par quelques exemples l'influence que peut exercer le développement du droit supplétif pour arriver à une législation uniforme, et même quelquefois pour réformer le droit impératif lui-même ?

N'est-ce pas sous l'influence des volontés individuelles que s'est établi, au moyen âge, le régime de la communauté, si constamment suivi dans les pays de coutumes ? Aucun texte ne l'avait proclamé ; il existait à peine dans les traditions germaniques. Eh bien, sous la seule influence des lois générales qui gouvernent les conventions, il s'était développé avec tous ses éléments, de manière à répondre à tous les besoins de l'union matrimoniale. Quand les Coutumes en formulèrent plus tard les règles, elles ne les inventèrent pas ; elles ne firent que consacrer les résultats établis par la pratique constante des individus.

N'est-ce pas aussi la volonté des individus qui, à notre époque, a développé les sociétés civiles, industrielles et commerciales sous toutes leurs formes, en les appropriant aux buts les plus divers : grandes entreprises, assurances contre tous les dangers qui menacent la fortune privée, œuvres coopératives? Et ce qu'ont fait les volontés des particuliers, agissant dans leur pleine volonté, n'est-il pas plus fixe et plus durable que les règles de législation positive dans lesquelles on cherche à les enfermer après coup?

De même encore, n'est-ce pas à l'initiative individuelle qu'on dut, en droit romain et dans notre ancienne jurisprudence, cette transformation dans la *tradition* ou livraison comme mode de translation de la propriété? En la modifiant, en la faisant d'une façon fictive ou symbolique, par la seule volonté des contractants, on en vint à la suppléer par une simple clause de *constitut possessoire*, enfin à la subordonner complétement aux conventions des parties. Ainsi, la nécessité de cette tradition, bien que le droit positif affectât de la régler, se trouva complétement anéantie; et tandis que les Coutumes contenaient des dispositions variées et multiples sur ses formes, on s'en passait dans la pratique. Du même coup, on vit que cette tradition ne remplissait pas le but qu'elle était censée remplir, savoir de manifester aux yeux de tous la transmission de propriété, et qu'il fallait pour cela quelque chose de plus effectif. Ce fut là le point de départ de la transcription.

Ainsi, beaucoup d'hypothèses en apparence réglées par le droit impératif sont en réalité soumises à la volonté individuelle, et ce droit n'est véritablement que supplétif. Selon qu'on s'attache à son caractère apparent ou à son caractère réel, on arrive à trouver dans la législation l'unité ou la diversité.

Si, par exemple, on eût voulu dans l'ancien droit s'attacher aux dispositions légales relatives à la tradition, et en concilier les termes absolus et contradictoires, on n'y fût jamais parvenu. Au contraire, en les prenant toutes comme une interprétation de la volonté présumée des parties, et en établissant la prédominance de cette volonté, on serait arrivé à subordonner toutes ces dispositions à une règle unique, la liberté des contrats.

De même pour la communauté, qui, avec ses mille variétés, était le régime national de nos pays de coutumes. Si on prenait la législation positive, c'était une contradiction constante. Si on commençait par établir le principe de la liberté des conventions, on ne voyait que des applications d'une règle commune. Ainsi, pour tirer l'exemple de Pothier lui-même, la Coutume d'Orléans, au titre *De la communauté entre homme et femme*, commence par ces termes absolus : « Homme et femme conjoints par mariage sont uns et communs en biens meubles, dettes actives et passives, et en conquêts immeubles faits durant ledit mariage, » etc. (Coutume d'Orléans, tit. X, art. 186.) — Pothier, au contraire, débute dans son *Traité de la communauté* par cette règle : « C'est un principe que les contrats de mariage sont susceptibles de toutes sortes de conventions. » (Introduction, § 1, n° 1.) — Et de même, dans son introduction à ce même titre de la Coutume d'Orléans qui semble avoir une disposition si impérative, il dit, après avoir défini la communauté : « On distingue cette communauté en conventionnelle, qui est établie par une convention expresse du contrat de mariage, et en coutumière, qui a lieu sans convention expresse. »

On peut tirer un enseignement analogue de ce qui se passa lors de la rédaction de notre Code. On discuta beaucoup pour savoir si on admettrait le régime dotal avec la communauté; on craignait de troubler l'unité de la législation ; mais on s'aperçut que le seul principe uniforme en pareille matière, c'était la liberté des conventions ; on admit donc les deux régimes : ils vivent maintenant côte à côte, sans que l'harmonie de notre législation en soit troublée.

Quelle est la conclusion de toutes ces réflexions ? C'est que beaucoup de matières qui semblent appartenir au droit impératif et absolu appartiennent en réalité au droit supplétif, dominées qu'elles sont par la liberté humaine ; c'est que toutes les diversités qui existent dans la législation de ces matières sont bien plus apparentes que réelles et se ramènent à l'unité des principes généraux en matière d'obligations. Un auteur fait donc beaucoup pour l'unité de la législation, si, après avoir dégagé les caractères généraux et constitutifs du droit des obligations, après en avoir montré la constante uniformité, il y rattache le plus de matières possible. Tel fut précisément le rôle de Pothier.

On peut dire que dans notre ancien droit il n'existait point un ensemble complet de traités sur les obligations et les différents contrats. Domat lui-même était insuffisant, plus encore dans les parties de détail que dans la théorie générale ; il manquait de précision, d'application à la pratique; souvent même, on a pu lui reprocher d'écrire en législateur plutôt qu'en jurisconsulte.

Pothier, aidé d'une connaissance approfondie du droit romain, entreprit ce travail immense ; il avait commencé en 1761 par la publication de son *Traité des Obligations*, qui fut comme le fondement de tout l'édifice; il continua par une série de traités qui devaient embrasser l'ensemble de la législation des contrats, et qu'il publia presque sans interruption d'année en année.

30. En 1762, parut le *Traité de la Vente*.

Une première partie est destinée à établir la nature du contrat de vente et ses éléments essentiels : *res*, *pretium*, *consensus*.

Une seconde partie comprend les obligations du vendeur : livrer la chose et la garantir. La livraison de la chose avait dans l'ancien droit un double effet : celui de transférer la propriété et celui de mettre l'acheteur en possession. Aujourd'hui, la translation de propriété s'opère par le seul consentement des parties, au moment du contrat, et la livraison n'a plus d'autre but que de procurer la jouissance effective de la chose à l'acheteur. A raison du double effet de la livraison ou tradition, l'ancien droit reconnaissait des traditions fictives ou imparfaites, suffisantes pour transférer la propriété, et par conséquent pour permettre à l'acheteur d'exercer les actions relatives à la chose, mais qui, au point de vue de la mise en jouissance, avaient besoin d'être ultérieurement complétées par une tradition plus complète : par exemple la remise des clefs ou des titres de propriété, ou même la clause de dessaisine-saisine insérée dans l'acte d'aliénation, transféraient la propriété sans procurer la jouissance. Dans le nouveau système du Code, ces traditions fictives et imparfaites n'ont plus d'utilité : il ne saurait être question que de la livraison réelle. Cependant notre Code, dans les articles 1605 et suivants, conserve de nombreux vestiges de l'ancien droit et consacre des cas de tradition fictive aujourd'hui inapplicables ; les rédacteurs du Code méritent d'autant plus de reproches que Pothier avait évité cette confusion : sous la rubrique des *obligations de l'acheteur*, il n'avait parlé que de la tradition réelle, et de ses conditions de lieu, de temps, de mise en demeure ; il avait rejeté plus loin, sous le titre des *effets de la vente*, la tradition fictive destinée uniquement à transférer la propriété.

La seconde obligation du vendeur est de garantir l'acheteur, d'abord contre l'éviction, ensuite contre l'existence de vices cachés dans la chose. Pour la garantie contre l'éviction, elle a deux objets : l'un principal, l'autre subsidiaire. Le principal est d'assurer la paisible possession de la chose ; le subsidiaire consiste, pour le cas où on ne pourrait l'assurer, à indemniser pécuniairement l'acheteur. Sur la fixation de l'indemnité, Pothier emprunte à Dumoulin une théorie que celui-ci avait cru à tort résulter du droit romain. Le droit romain, à défaut de stipulations spéciales, donnait à l'acheteur évincé le droit de réclamer de son vendeur le montant de l'intérêt qu'il avait à n'être pas évincé (*id quod intererat*). Dumoulin, et après lui Pothier, partant de cette idée qu'en cas d'éviction la vente se trouve sans cause, disent que l'acheteur a toujours droit, et avant tout, à la restitution du prix de vente et des frais et loyaux coûts du contrat ; que. de plus, il peut avoir droit à des dommages-intérêts pour le préjudice qu'il éprouve, ou pour les dépenses qu'il a faites sur la chose. Ils font donc deux chefs distincts de l'indemnité et de la restitution du prix, cette dernière restitution étant toujours de droit, lors même que la chose aurait diminué de valeur aux mains de l'acheteur, ou qu'on aurait stipulé la non-garantie. Cette théorie, développée par Pothier, a passé dans le Code Napoléon (art. 1630 et suiv.).

La troisième partie de l'ouvrage est relative aux obligations de l'acheteur, et en particulier à l'obligation de payer le prix.

La quatrième traite de la question des risques, et conclut qu'à compter du moment de la convention, et même avant la tradition, la chose, si c'est un corps certain, est aux risques de l'acheteur.

La cinquième parle de l'exécution de la vente et de sa résolution, soit par le mutuel consentement des contractants, soit par l'action en rescision pour lésion, soit par la faculté de rachat, soit par le défaut de payement du prix ou le pacte commissoire.

La sixième et la septième partie sont consacrées aux promesses de vendre et d'acheter, aux licitations, aux ventes de biens incorporels, et à différents contrats analogues à la vente.

En même temps que le *Traité de la Vente*, Pothier en publiait un autre *sur les Retraits*, matière qui était dans l'ancien droit un complément nécessaire de la première. Un *retrait* consistait dans le droit attribué à une personne de prendre le marché d'une autre et de se rendre acheteur à sa place. Par exemple, le *retrait lignager* était le droit que la loi accordait aux parents du vendeur d'un héritage de s'en rendre acheteurs à la place de l'acquéreur, et en conséquence de l'obliger à le leur délaisser, à charge de le rembourser et indemniser de son prix d'acquisition et des accessoires. De même le droit de *retrait conventionnel*, assez analogue à la clause de réméré, était un droit stipulé lors de l'aliénation d'un héritage, en vertu duquel le vendeur se réservait la faculté pour lui et ses successeurs, toutes les fois que l'acquéreur ou ses successeurs vendraient l'immeuble, d'avoir la préférence sur les acheteurs et de prendre leur marché. Enfin, le *retrait seigneurial* était le droit conféré au seigneur, lorsqu'un héritage de sa seigneurie était vendu, de prendre le marché de l'acquéreur.

Ces droits, et particulièrement les deux premiers, avaient pour raison d'être cette considération si puissante dans l'ancienne jurisprudence, le maintien et la concentration des biens dans les familles qui les possédaient anciennement ; c'étaient des moyens de les y ramener quand ils en étaient sortis. Mais ils présentaient de graves inconvénients : l'acheteur d'un bien n'était jamais sûr de le conserver ; les conventions les plus légitimes pouvaient être brisées par cette espèce de préemption attribuée à la famille ; la propriété achetée n'était jamais sûre, et par là était découragé l'esprit d'acquisition, et par conséquent l'esprit d'épargne et de travail. C'était tout l'esprit de l'ancien droit : conservation du capital dans les mains des anciens possesseurs, même au prix du crédit et des besoins de la production.

Les trois retraits dont nous parlons, qui faisaient l'objet du traité de Pothier, ont disparu avec raison de notre législation nouvelle. Cependant elle a conservé quelques droits analogues : le retrait successoral (art. 841 C. Nap.) ; le retrait d'indivision (art. 1408); le retrait litigieux (art. 1699). A part le retrait d'indivision, ces institutions ont été critiquées comme portant atteinte à la liberté des conventions, puisqu'elles permettent d'enlever au cessionnaire de droits successifs ou litigieux le bénéfice d'une convention légalement arrêtée ; mais, il faut le dire, l'application en est très-limitée ; elle n'atteint que des spéculations peu dignes d'encouragement ; et si les dispositions de la loi méritent un reproche sérieux, c'est à cause de leur inutilité, tant elles peuvent être facilement éludées.

31. Les traités du *Contrat de constitution de rente* et du *Contrat de change*, qui parurent en 1763, se rattachaient aussi par des liens étroits au *Traité de la Vente*.

La *constitution de rente* était en effet considérée comme un contrat par lequel une personne, en échange d'un prix qu'elle recevait, cédait une rente, perpétuelle ou viagère, dont elle se constituait débitrice : le crédi-rentier était un acheteur, le débirentier un vendeur. Ce contrat, si peu usité chez les Romains qu'à peine est-il nettement indiqué dans la Novelle 160 de Justinien, avait pris une grande extension dans notre ancien droit à cause de la prohibition du prêt à intérêt. Les possesseurs de capitaux, ne pouvant en tirer de revenus au moyen du prêt, les plaçaient en rentes dont ils ne pouvaient jamais exiger le remboursement ; mais le débiteur conservait toujours le droit, en offrant ce remboursement, de racheter la rente si elle était perpétuelle. Cette différence dans le remboursement, obligatoire dans le prêt, facultatif dans la rente, séparait ces deux contrats si naturellement voisins l'un de l'autre ; mais pour les distinguer plus profondément, et écarter le soupçon de favoriser une usure déguisée, on avait affecté de les isoler complétement et de rapprocher la constitution de rente du contrat de vente.

Les constitutions de rente étaient très-fréquentes dans l'ancien droit. Les règles du rachat et des clauses accessoires du contrat donnaient lieu à de graves difficultés ; plusieurs édits avaient, à diverses reprises, établi le taux des rentes ; une ordonnance de Louis XII, de 1510, avait soumis les crédi-rentiers à une prescription de cinq ans en ce qui concernait le payement des arrérages, pour éviter que leur accumulation ne fît la ruine du débiteur. — Toutes ces dispositions, d'un usage quotidien, furent expliquées d'une façon claire et complète dans l'ouvrage de Pothier.

Quant au contrat de *change*, c'est aussi une espèce de vente. Le change *manuel ou réel*, consistant à donner des espèces pour d'autres, n'offre pas de difficultés sérieuses. Il en est autrement du change *local ou mercantile :* c'est ce contrat par lequel, en échange d'une valeur qui m'est donnée ou promise en un certain lieu, je m'engage à faire payer une somme dans un autre lieu. Ce contrat, si utile aux transactions entre négociants, avait été étudié dans les anciens ouvrages de droit commercial, et en particulier dans l'excellent traité de Dupuy de la Serra. Pothier condensa tout ce qui avait été dit par ses devanciers, et y apporta l'exactitude et la lucidité de son esprit. Son traité est encore aujourd'hui le meilleur ouvrage élémentaire qu'on puisse consulter pour bien comprendre le mécanisme du contrat de change et de la lettre de change qui en est l'instrument.

32. En 1764, Pothier publia le traité du *Louage*. Dans cette matière délicate, où une multitude de questions d'un intérêt quotidien, mais modique, semblent rebuter le jurisconsulte habitué à des théories générales, Pothier apporta un soin plus minutieux que jamais ; il ne crut pas que rien d'utile fût au-dessous de la dignité de la science. Règles des baux ruraux et des baux à loyer, obligations, grandes et petites, du bailleur et du preneur, principes du louage d'ouvrage, des devis et marchés, il examina tout avec le même scrupule.

Son travail fut complété l'année suivante (1765) par un traité du *Louage maritime* (charte-partie ou affrétement). Ce sujet était réglé par plusieurs dispositions de l'ordonnance de 1681 sur la marine, dont un commentaire resté célèbre avait été fait par le jurisconsulte Valin, de La Rochelle. Dans cette matière, hérissée de détails techniques, régie la plupart du temps par les usages variables des places maritimes, le jurisconsulte d'Orléans, qui n'avait vu la mer qu'une fois en sa vie, ne devait-il pas être bien dépaysé? Il lut tout ce qui avait été écrit sur la matière ; il l'apprécia avec son sens droit ; il s'informa près des jurisconsultes et des praticiens des ports de mer, s'enquit des usages, se réforma d'après les avis qui lui furent fournis ; et enfin, son traité fut tel, qu'il fit autorité auprès de ceux de Valin et des autres.

Mais il revint bientôt à une matière plus terrestre, en traitant du *Bail à rente foncière*. Le bail à rente foncière était tout autre chose que la constitution de rente à prix d'argent : c'était le contrat par lequel une personne concédait la jouissance et propriété perpétuelle d'un immeuble, sous la réserve d'une rente qui devait lui être payée annuellement et à perpétuité. Cette rente représentait le *domaine direct* retenu par le bailleur; aussi avait-elle la nature immobilière et le caractère de droit réel affectant la chose elle-même; le preneur, investi du *domaine utile*, ne pouvait se libérer de la rente par un rachat quelconque, mais seulement par le déguerpissement de l'immeuble. Ce contrat avait quelque analogie avec le bail emphytéotique, dont il tirait peut-être son origine; c'était donc une sorte de louage; cependant il différait du louage ordinaire par la perpétuité du droit conféré au preneur, par le caractère réel de ce droit, et par la faculté de déguerpissement. On pouvait également le rapprocher de la vente. Mais ce contrat avait aussi un caractère propre : il constituait une de ces demi-aliénations, si chères à l'ancien droit, parce qu'elles n'enlevaient pas la propriété pleine et entière à son précédent possesseur; et il constituait un obstacle à la circulation de la fortune immobilière. La rente foncière et ses similaires, bail à champart, bail à locatairie perpétuelle, étaient très-usités; et il n'y avait guère de propriétés qui ne fussent plus ou moins grevées de ces rentes ou redevances irrachetables. Les lois de la Révolution et le Code civil ont complétement changé la nature de la rente; ils l'ont mobilisée, lui ont enlevé son caractère réel pour en faire une simple créance; ils ont détruit la faculté de déguerpissement, et ont établi pour tous les cas la possibilité du rachat; ils l'ont donc rapprochée de la rente constituée à prix d'argent, et lui ont enlevé ce qui en faisait une entrave au commerce des biens.

33. Presque aussitôt après les traités relatifs au louage, Pothier fit paraître le traité du *Contrat de société* et celui des *Cheptels*.

Le contrat de société, qui est de nos jours un si puissant instrument pour les grandes entreprises commerciales et industrielles, était loin d'avoir une aussi grande importance à l'époque de Pothier. Il s'appliquait à des besoins limités et n'avait point revêtu ces formes qui permettent de lui donner une extension considérable en y appelant de toutes parts les capitaux. La société en commandite était pour ainsi dire à l'état rudimentaire : on ne connaissait que la commandite simple, dans laquelle une ou quelques personnes confiaient leurs fonds à un négociant pour les faire valoir et leur faire part des bénéfices à des époques déterminées; mais l'éloignement qu'on affectait pour le négoce rendait encore ces sociétés assez rares. A plus forte raison la société anonyme était-elle inconnue ; il n'existait en ce genre qu'une seule compagnie, la Compagnie des Indes, qui avait un privilége exclusif. Le nom même de *société anonyme* était inconnu dans le sens qu'il a aujourd'hui ; on l'appliquait à ce qui constitue maintenant la société en participation.

Le contrat de société était régi par les principes du droit romain, et ces principes suffisaient aux rapports peu compliqués qui en résultaient. Les sociétés ne constituaient pas, comme aujourd'hui, une personne juridique à l'égard des tiers, et la question n'est pas même agitée dans l'ouvrage de Pothier. Aussi examine-t-il successivement les engagements des associés entre eux et vis-à-vis des tiers, sans s'occuper du conflit de ces divers engagements, et de ceux qui ont pu être contractés par les associés vis-à-vis de leurs créanciers personnels. Mais, dans la sphère restreinte où se maintient Pothier, ses solutions, empreintes de la plus pure équité et inspirées des besoins de la pratique d'alors, reproduisent ou corrigent avec discernement les solutions du droit romain, et elles forment la partie la plus solide de la législation moderne ; car si les proportions de la société ont changé, les règles de justice qui la gouvernent sont restées les mêmes ; les questions se sont multipliées, les rapports de fait ont changé et ont amené des transformations dans les dispositions législatives ; mais l'esprit de la loi est toujours celui qui inspirait Pothier. C'est encore à lui qu'il faut s'adresser pour connaître les éléments, les règles primordiales, et c'est seulement après s'en être pénétré qu'on peut aborder les complications de la jurisprudence moderne.

Au traité du contrat de société étaient joints deux appendices : le premier traitait du *Quasi-contrat de communauté*. Il fixait les règles de l'indivision et celles de la mitoyenneté ; cette dernière partie a été presque complétement reproduite par le Code civil. — Le second appendice avait également un objet très-pratique : il était relatif au *Voisinage*. Là se trouvaient examinées les questions de l'intérêt le plus journalier : le bornage, les plantations et les constructions près des propriétés voisines. Sur cette dernière matière, il y avait une foule de dispositions locales fort différentes entre elles, soit quant à la distance à observer pour les plantations, soit quant aux travaux qu'on peut faire près du terrain voisin. La loi moderne elle-même n'a pu sur ces points faire cesser la diversité; et elle s'en est référée aux usages locaux (art. 671, 674 C. N.); néanmoins, s'il y a des variations sur des questions de détail, il y a au-dessus de ces variations des principes susceptibles d'être ramenés à une formule uniforme, et qui gouvernent tous les statuts locaux. Pothier s'occupa de les dégager et de les soumettre aux lois générales des obligations.

Le traité des *Cheptels* était le complément à la fois du traité du louage et du traité de la société. Car le contrat de cheptel, très-important pour l'exploitation agricole, participe à la fois du louage et de la société. Il n'en est pas dont les règles aient besoin d'être fixées avec plus de soin, soit à cause de son fréquent usage, soit même à cause de la modicité des objets auxquels il s'applique souvent et de la situation peu aisée de ceux qui le pratiquent ; car il faut éviter d'autant plus les occasions de difficultés dans une semblable matière, et on doit honorer le jurisconsulte qui ne dédaigne pas d'en éclairer les plus petits détails.

34. L'année 1776 vit paraître plusieurs petits traités de Pothier sur les *Contrats de bienfaisance*, et un ouvrage plus important sur le *Mandat*.

Sous le titre de contrats de bienfaisance, il traitait du *Prêt à usage*; — du *Précaire* ; — du *Prêt de consomption* et de l'*Usure*; — du *Quasi-contrat* PROMUTUUM et de la CONDICTIO INDEBITI ; du *Contrat de dépôt*.

Le plus intéressant de ces ouvrages est celui qui est relatif à l'usure. Sous le nom d'*usure*, l'ancien droit proscrivait toute espèce de prêt à intérêt : il obéissait aux inspirations d'une tradition religieuse constante, en même temps qu'à de fausses idées sur la nature même de l'argent. Pothier ne faisait point exception parmi les jurisconsultes de son temps ; au contraire, une fois que le principe de la prohibition de l'usure était à ses yeux consacré par l'autorité de la religion et de la justice naturelle, il en suivait les conséquences jusqu'au bout. Son âme droite et pieuse ne pouvait admettre aucune des capitulations par lesquelles quelques-uns cherchaient à éluder ou à restreindre la prohibition.

Il présente dans son traité trois ordres d'arguments contre l'usure :

1° Il y a injustice, dit-il, toutes les fois qu'une partie donne ou s'engage à donner plus qu'elle ne reçoit : or tel serait le but de l'usure. C'est là, en définitive, la reproduction de l'argument d'Aristote, savoir, que l'argent est de sa nature improductif, et que par conséquent on n'en saurait faire payer le simple usage. Cette raison, adoptée avec empressement par la théologie du moyen âge, dont elle appuyait le système, n'a pour nous aucune valeur. L'argent est une marchandise avec laquelle on peut faire des échanges, se procurer des choses utiles, se créer des bénéfices : son usage est donc susceptible de loyer. Il est probable que cette vérité eût été reconnue par nos anciens auteurs, s'ils n'avaient été liés par des arguments d'une autre espèce.

2° La seconde classe d'arguments invoqués par Pothier se trouve en effet dans l'Ecriture sainte et les canons des conciles. Le concile de Nicée (canon 17) avait considéré le prêt fait par les ecclésiastiques comme empreint du péché d'avarice. Plus général dans ses dispositions, le concile de Northumberland, en 787, avait dit (canon 37) : *Usuras prohibemus, dicente Domino ad David, dignum fore habitatorem tabernaculi sui qui pecunias suas non dedisset ad usuram.* — Plusieurs conciles avaient reproduit ces dispositions, et la doctrine des Pères de l'Eglise était unanime à les appuyer. Il y avait donc là un véritable article de foi, et la législation civile n'avait qu'à y prêter sa sanction.

3° Plusieurs ordonnances avaient prohibé l'usure ou prêt à intérêt, entre autres la déclaration de Poissy, de Philippe le Bel (8 décembre 1312), et l'ordonnance de Blois qui disait (art. 202) : « Faisons défense à toutes personnes, de quelque sexe ou condition qu'elles soient, d'exercer aucunes usures, prêt de deniers à profits ou intérêts, encore que ce fût sous prétexte de commerce public. »

Tels étaient les arguments que fournissait Pothier. Y avait-il une exception pour les prêts de commerce? Certains auteurs avaient voulu justifier cette exception, en distinguant entre l'*usage de consommation* et l'*usage d'accroissement* qu'on pouvait donner à l'argent : l'usage d'accroissement, consistant à faire des bénéfices dans le commerce, aurait seul justifié la stipulation des intérêts ; et il aurait fallu restreindre la prohibition de la loi aux prêts faits aux pauvres. Pothier n'avait pas de peine à répondre que la distinction serait impossible dans la pratique, qu'elle n'existait pas dans les lois ecclésiastiques et civiles, et qu'en définitive prêter à intérêt, c'était, dans un cas comme dans l'autre, vouloir recevoir plus qu'on ne donnait.

Il y avait pourtant une vue économique très-juste dans l'opinion contraire ; et en réalité elle eût péché par les restrictions qu'elle s'imposait, plutôt que par l'innovation elle-même. Mais pour faire admettre la légitimité du prêt à intérêt, il fallait détruire des idées qui pour Pothier étaient des vérités immuables : il fallait les efforts des économistes et une révolution dans les esprits. Aujourd'hui la question est débarrassée de l'élément théologique ; on se trouve en présence des seules considérations économiques, et il ne s'agit plus de savoir si le prêt à intérêt est en soi légitime, mais seulement s'il convient de fixer un maximum légal pour l'intérêt. La liberté des conventions doit-elle céder devant la crainte des abus ? L'expérience d'une loi nouvelle ne tardera pas sans doute à résoudre la question.

Le traité du *Contrat de mandat* ramenait Pothier à la tradition du droit romain, et en même temps à un ordre d'idées encore aujourd'hui applicables. Après le mandat, Pothier étudiait accessoirement : le *Quasi-contrat* NEGOTIORUM GESTORUM ; — le *Contrat d'assurance* (qui alors était seulement connu en matière maritime) ; — le *Prêt à la grosse aventure* (ce prêt, admis même par notre ancien droit, comportait des intérêts, en échange du risque couru par le prêteur) ; — et enfin le *Contrat de jeu*. Pothier admettait que le jeu pouvait être juste à condition : 1° que chacun eût droit de disposer de ce qu'il jouait ; 2° que le consentement fût libre et parfait ; 3° qu'il y eût égalité dans la partie ; 4° qu'il y eût *fidélité* (loyauté). Malgré les dispositions des ordonnances qui prohibaient un grand nombre de jeux, il établissait que celui qui a perdu même aux jeux défendus est obligé dans le for de la conscience à payer ; et que celui qui a gagné et reçu l'enjeu n'est pas tenu à restituer, si du reste le jeu a eu lieu dans les conditions ci-dessus indiquées. (V. art. 1965, 1967 C. N.)

35. Pothier donna en 1768 son ouvrage sur le *Contrat de mariage*, avec un traité sur la *Puissance du mari*. Ce traité sur le

contrat de mariage, dont le sujet correspond dans notre code au titre *Du mariage*, est un des plus importants, à raison à la fois de la matière et des principes que l'auteur met en avant. Là nous voyons Pothier revendiquer pour le droit civil une matière qu'on s'était habitué à réserver pour les canonistes. Il eut d'autant plus de mérite à proclamer avec fermeté l'autorité du droit civil en cette matière, qu'il était plus profondément soumis à la puissance religieuse. Pieusement attaché aux traditions de l'Eglise, mais de l'Eglise gallicane, élevé à la fois dans l'étude du droit et dans celle de la théologie, il fit sur le mariage un traité *juridique* comme on n'en avait pas encore vu sur la matière ; il le rattacha d'une façon étroite aux institutions civiles, en établissant à côté du droit de l'Eglise le droit de la puissance séculière : c'était un pas vers l'avenir, en même temps qu'un retour à des principes dès longtemps oubliés.

Le droit romain, dans son dernier état du moins, n'avait envisagé le mariage que comme un contrat purement civil ; et l'abus de cette manière de voir avait jeté dans l'union conjugale elle-même des germes de corruption et d'avilissement. La dignité du mariage avait disparu devant cette absence de toute solennité religieuse et de toute grandeur des principes moraux. Le mariage n'était plus qu'un contrat consensuel, qu'une sorte de société *ad procreandos liberos*, qui, comme les sociétés ordinaires, se dissolvait par la renonciation d'une seule des parties. On avait mis en oubli cette belle définition des anciens jurisconsultes : *Viri et mulieris conjunctio, individuam vitæ consuetudinens continens ;* définition qui, sans en consacrer formellement l'indissolubilité, établissait au moins la noblesse du lien conjugal, et protestait contre les désordres d'un siècle dégénéré.

En présence de ces abus et de cette dépravation, le christianisme avait une grande œuvre à accomplir : restaurer la dignité du mariage, rétablir dans les faits cette union indivisible autrefois proclamée par le droit, et ramener avec elle l'indissolubilité du lien conjugal. Cette œuvre, la religion nouvelle l'accomplit : le mariage élevé à la dignité de sacrement, les peines spirituelles prononcées contre le divorce, l'exemple des plus respectables chefs de l'Eglise, rendirent le mariage véritablement indissoluble.

La législation des empereurs chrétiens suivit la marche des mœurs : de l'ordre spirituel, les peines contre le divorce passèrent dans l'ordre civil. Cependant, le mariage restait toujours un contrat civil, en même temps qu'un sacrement : les deux choses se distinguaient encore parfaitement, et la puissance impériale, s'assimilant les lois de l'Eglise, ne les subissait pas. Aussi la législation civile refusa-t-elle longtemps d'admettre certains empêchements de l'ordre religieux, qui exposaient aux censures ecclésiastiques, mais non à une nullité légale ; les Pères de l'Eglise eux-mêmes reconnaissaient de tels mariages pour très-valables, bien que privés des grâces spirituelles.

Mais peu à peu l'influence de l'Eglise augmenta et changea de nature : le caractère de sacrement dans le mariage devint de plus en plus exclusif ; la législation civile abdiqua pour ainsi dire, et les décrets des conciles devinrent les lois qui régirent le mariage ; la puissance séculière elle-même y donna son consentement et se déclara incompétente.

Tel fut le droit du moyen âge. La juridiction civile avait cependant conservé un moyen d'influence sur les matières relatives au mariage : ne pouvant connaître du lien en lui-même, appréciable seulement par les juges ecclésiastiques, elle devait en uger les effets, et régler les rapports civils qui en résultaient. La puissance séculière usa souvent de ce moyen indirect de rentrer dans son domaine. Au commencement de l'ère moderne, les rois de France particulièrement manifestèrent leur intervention d'une façon plus active : ils établirent, au moins tacitement, que la puissance séculière avait qualité pour introduire des empêchements et des formalités relativement au mariage, et que les mariages contractés au mépris de leurs ordonnances pouvaient bien être valables quant au sacrement, mais non produire les effets civils. Cette prétention fut acceptée par beaucoup de théologiens ; mais elle resta contestée par les canonistes ultramontains, qui refusaient de voir un contrat civil indépendant du sacrement.

Le principe proclamé dans les ordonnances des rois de France était plus implicite qu'exprès ; c'était un de ces points dangereux sur lesquels on n'aimait pas à poser nettement les controverses ; même parmi ces jurisconsultes du seizième siècle, si hardis parfois contre l'Eglise, on n'en trouve guère qui aient rattaché dogmatiquement le mariage au droit civil. On aimait mieux laisser dans l'ombre ces questions délicates ; et on se reposait sur la bonne harmonie de l'Eglise et du pouvoir royal pour maintenir les principes dans l'indécision et éviter les conflits dans l'application. Il y avait des ordonnances, des arrêts de parlements, mais point de traités doctrinaux : dans des traités, il eût fallu mettre les principes en lumière, en tirer les dernières conséquences, toutes choses dont les ordonnances et les arrêts pouvaient se dispenser. A peine dans les ouvrages généraux (Domat, Bourjon, etc.) rapportait-on les principales règles, avec les arrêts sur quelques questions remarquables.

L'essence même du droit avait par suite quelque incertitude ; l'usage, qui devait suppléer aux lois, n'avait pas son expression scientifique. Il fallait donc un traité spécial, œuvre d'une certaine hardiesse, pour bien fixer les premiers éléments du sujet, préciser les questions fondamentales, indiquer les limites de la puissance séculière et de la puissance ecclésiastique. La place était restée abandonnée aux théologiens, dont quelques-uns avaient consenti à admettre le droit civil comme un auxiliaire secondaire ; on n'avait pas encore osé renverser les rôles, mettre le droit civil au premier plan avec le droit canonique pour auxiliaire.

Un fait immense pourtant s'était produit, bien propre à faire ressortir la profonde distinction des deux caractères du mariage, et même à nécessiter une législation toute nouvelle, complétement indépendante des idées d'une religion exclusive. C'était l'apparition du protestantisme en France au seizième siècle, et sa reconnaissance officielle, d'abord par les divers édits de pacification et enfin par l'édit de Nantes. L'intervention du protestantisme, à un moment où la puissance et les prétentions de l'Eglise étaient à leur apogée, avait placé la puissance législative dans une alternative singulière : ou il fallait exclure les protestants de toute participation aux droits les plus naturels, en leur refusant le mariage, ou il fallait faire de cet acte un contrat purement civil. La question n'avait pas reçu de solution précise ; mais elle avait jeté dans le droit des controverses intéressantes, sur l'influence du changement de religion sur le mariage, sur le caractère de l'empêchement qui résultait de l'engagement dans les ordres, etc. En fait, et surtout depuis la révocation de l'édit de Nantes, ces questions avaient été résolues dans le sens le moins libéral. Mais il avait fallu envisager un nouvel ordre d'idées, et reconnaître la part d'influence de l'autorité séculière en matière de mariage.

Pothier lui-même, dans le cours de son ouvrage, montre pour les solutions particulières une timidité souvent excessive. Mais, au moins, il commence par développer avec fermeté les idées qui donnent à la puissance civile une action sur le mariage. Par un historique impartial, il démontre le caractère primitif de ce contrat, reconnu par l'Eglise elle-même ; et il réfute les prétentions des auteurs ultramontains, et en particulier du cardinal Bellarmin, en faveur de la suprématie exclusive de l'autorité ecclésiastique :

« Si le mariage, dit-il (n° 15), est sacrement, et, sous ce respect, du ressort de la puissance ecclésiastique, il est aussi contrat civil, et comme contrat civil, il appartient à l'ordre politique et il est en conséquence sujet aux lois de la puissance séculière. La qualité de sacrement, qui survient à ce contrat, mais qui en suppose la préexistence, ne soustrait pas ce contrat aux droits qu'a la puissance séculière de régler les contrats et tout ce qui est de l'ordre politique ; car Jésus-Christ, en instituant les sacrements et en publiant son Evangile, n'a pas entendu diminuer ni altérer en rien les droits de cette puissance séculière, qu'il a déclarée être établie de Dieu, et à laquelle il a voulu lui-même être soumis en tant qu'homme, pendant tout le temps qu'il a été sur la terre.

« D'ailleurs la loi civile, en déclarant nul un contrat de mariage fait contre sa disposition, ne touche point au sacrement de mariage, puisque le contrat de mariage qu'elle rend nul n'est pas sacrement ; elle empêche seulement, en le déclarant nul, qu'il ne puisse être la matière du sacrement de mariage.... Un mariage que la loi civile défend et qu'elle déclare nul ne peut passer que pour un commerce illégitime et criminel ; et on ne peut prétendre, sans une espèce d'impiété, que Jésus-Christ ait voulu élever à la dignité de sacrement un tel commerce et en faire le type et l'image de son union avec l'Eglise. »

N'est-ce pas là une transition entre les idées anciennes et celles de notre droit moderne ? Ne peut-on pas y trouver en même temps la plus juste conciliation entre les idées religieuses de chacun et la liberté garantie à tous par notre législation ? La loi civile ne peut s'attacher qu'au contrat civil, dont elle règle l'essence et les effets.

36. Pour clore la matière des obligations, Pothier s'occupa des conséquences pécuniaires du mariage : il fit paraître en 1769 son *Traité de la Communauté.*

Déjà, dans le traité du *Contrat de mariage*, Pothier n'avait plus trouvé pour le guider à chaque pas, comme dans les ouvrages précédents, les règles du droit romain ; il avait dû recourir au droit canonique et aux ordonnances, dont les dispositions étaient d'un classement et d'une analyse bien plus difficiles. Pour le traité *de la Communauté*, le droit romain lui faisait encore défaut : il entrait en plein droit coutumier.

Cette belle institution de la communauté est propre à la France ; elle a pris naissance chez nous, et, quelques faibles analogies qu'on rencontre dans les législations antérieures, nous pouvons la revendiquer comme une création nationale. Nous avons peu de parties de notre droit qu'on ne puisse rattacher directement à des législations précédentes ; on manque parmi nous de cet esprit d'égoïsme éclairé et toujours tendu vers la recherche du tien et du mien, qui perfectionne les inventions juridiques ; nous avons accepté nos lois toutes faites de divers côtés. La communauté fait exception : il appartenait à l'esprit de dévouement et de sympathie qui distingue le caractère français de faire naître (et tout d'abord chez les faibles, parmi les classes inférieures) ces associations dans le malheur comme dans la prospérité, qui transportent dans l'ordre pécuniaire l'alliance morale des époux et unissent leurs intérêts comme leurs personnes.

Mais cette institution de la communauté avait dans notre ancien droit tous les inconvénients des créations spontanées : elle manquait de fixité et d'uniformité. Née au moyen âge des associations *taisibles* ou tacites, elle avait d'abord attribué un trop grand pouvoir au mari et sacrifié les intérêts de la femme ; ces inconvénients étaient devenus plus sensibles avec le développement de la richesse et des transactions civiles. De là diverses règles établies dans les Coutumes sur la composition de la communauté, sur les remplois et récompenses dus à la femme, sur son droit de renonciation, sur le règlement des dettes communes. Il y avait naturellement des divergences dans la législation et dans la jurisprudence.

Pothier prit son sujet d'un point de vue général et qui dominait toutes les divergences particulières. Il envisagea la communauté dans son essence, en tant qu'association pouvant comprendre tantôt plus, tantôt moins ; la considérant d'abord à sa naissance, il en suivit les développements et les transformations. Dans chaque circonstance, son ouvrage formule les règles générales, leurs corollaires, leurs exceptions. En le lisant, on assiste en quelque sorte à l'évolution régulière d'une communauté ; et cet ordre naturel nous fait marcher pas à pas de principe en conséquence : nous avons un tableau d'une unité et d'une simplicité admirables, qui peut s'embrasser d'un coup d'œil.

La première partie est consacrée à la composition même de la communauté, soit légale, soit conventionnelle ; là se placent presque toutes les différences que les statuts locaux ou les conventions peuvent introduire dans la communauté ; elles sont subordonnées au plan général de l'ouvrage. Après la composition de la communauté, la seconde partie nous indique les droits des conjoints sur la communauté : la femme n'a en quelque sorte qu'un droit virtuel, destiné à se réaliser au jour de la dissolution ; le mari, au contraire, est seigneur et maître de la communauté ; il peut en obliger les biens, les dissiper, les aliéner à titre onéreux ou gratuit, sauf le cas de fraude : ce pouvoir excessif a été un peu restreint par le Code civil (art. 1421 et suiv.). Dans la troisième partie, Pothier traite de la dissolution de la communauté ; de l'acceptation de la femme ou de ses héritiers, ou de leur renonciation à la communauté ; dans la quatrième, de la liquidation et du partage qui sont à faire après la dissolution de la communauté. La cinquième partie nous apprend comment le mari et la femme sont tenus (soit entre eux, soit vis-à-vis des créanciers) des dettes de la communauté après la dissolution. La sixième est relative à la continuation de communauté. On sait que, dans notre ancien droit, si l'époux survivant négligeait de faire inventaire, la communauté se continuait de plein droit entre lui et les héritiers du prédécédé, pour éviter qu'il ne pût profiter de l'absence d'inventaire en confondant les biens communs dans son patrimoine. Mais cette communauté continuée avait souvent des inconvénients, surtout si l'époux survivant se remariait, ou si l'un des héritiers du prédécédé se mariait de son côté : une nouvelle communauté se greffait alors sur la précédente, et la liquidation était fort compliquée. Pothier étudie avec soin cette continuation de communauté *composée* ou *tripartite*, que le Code Napoléon a supprimée, en accordant de nouvelles garanties contre les fraudes de l'époux survivant (art. 1442).

Ce traité *de la Communauté*, bien supérieur à celui de Lebrun, par la méthode, la mesure et la clarté, a été le guide constant des rédacteurs du Code Napoléon, et c'est encore aujourd'hui l'ouvrage qu'on peut lire avec le plus de fruit sur la matière.

37. Nous avons parcouru cette longue série d'ouvrages, presque entièrement consacrée au droit des conventions, et qui forme en quelque sorte une encyclopédie de la matière. C'est la partie la plus brillante de l'œuvre de Pothier, et celle qui a le mieux assuré sa gloire en même temps que son influence. Les œuvres suivantes, que nous apprécierons aussi, sont relatives dans une plus forte proportion à des règles de droit purement positif, aux successions, aux donations permises ou prohibées, aux testaments, aux douaires, aux droits d'usage, aux servitudes, aux fiefs, etc. Elles ne présentent pas le même caractère d'originalité par rapport aux travaux des autres jurisconsultes.

Mais, dans cette première série, Pothier a véritablement étendu le domaine du droit ; il y a introduit des matières négligées par les jurisconsultes, et même des théories qui semblaient abandonnées jusqu'à un certain point aux casuistes et aux théologiens. Si cette tendance se manifeste surtout dans le traité du contrat de mariage, elle perce dans toute la théorie des obligations.

Comme nous l'avons déjà indiqué, les jurisconsultes français avaient trop négligé le sujet des obligations ; les règles en paraissaient si simples et si bien gravées dans la conscience de chacun qu'il semblait indigne d'un jurisconsulte de consacrer ses veilles à les développer. On avait traité seulement quelques parties qui, échappant par la nature même des choses à la volonté des parties, étaient plus susceptibles de règles positives : telles étaient l'indivisibilité (Dumoulin, *Extricatio labyrinthi*), la preuve (Boiceau, etc.) ; ces sujets avaient été l'objet de traités spéciaux. Quant à la volonté même des parties, le consentement, ses conditions essentielles, ses vices, les différentes formes sous lesquelles il peut produire des obligations, tout cela était sans doute considéré comme une chose aussi variable que l'homme même, et négligé par les jurisconsultes.

38. Mais cette matière des obligations avait ses principes dans la conscience ; aussi les casuistes s'en étaient emparés ; ils avaient tracé pour le for intérieur un ensemble de règles complexes et délicates, qui formaient comme une législation morale à côté de la législation positive. De là, quelquefois, leur ambition s'étendait plus loin, et ils s'occupaient des lois du for extérieur.

Ils avaient abordé particulièrement cette fameuse question de l'usure et du prêt à intérêt. Enchaînés par la tradition et par cette fausse idée que l'argent n'est point productif, ils n'avaient pu faire faire à la question principale de grands progrès. Mais renfermés dans leur cercle étroit, ils en avaient sondé tous les environs ; ils avaient exploré tous les contrats où se rencontrent ces questions de jouissance, de revenu, de profit à tirer d'une mise originaire : la société, le louage, le cheptel, le bail à rente ; ils en avaient fait une étude subtile, approfondie, souvent entachée d'idées fausses, mais complète ; il est peu de questions tranchées ou soulevées par notre Code à propos de ces contrats qui n'aient été résolues théologiquement par quelque casuiste.

Les contrats leur semblaient donc particulièrement réservés ; et les traitant du point de vue le plus haut qu'on se puisse proposer, celui d'une loi divine, ils semblaient devoir y conserver une suprématie incontestée. Cependant Pothier, pénétré de cette pensée de Domat que « les lois de l'homme ne sont autre chose que les règles de sa conduite, » vint apporter dans ces sujets les lumières juridiques ; imbu des préceptes du droit romain, il en tempéra seulement la subtilité par l'équité naturelle.

Son point de vue n'était plus aussi exclusif que celui des théologiens ; il n'était plus seulement le juge de la conscience, mais des actes et des obligations civiles. Il inscrivait dans le titre même de son ouvrage la distinction entre les obligations du for intérieur et celles du for extérieur, distinction très-atténuée dans toute bonne législation, mais utile cependant à maintenir (car elle a son origine dans la morale elle-même, qui reconnaît des devoirs *parfaits*, en ce sens qu'un droit y correspond pour autrui, et des devoirs *imparfaits*, auxquels ne correspond aucun droit corrélatif).

Pothier se trouvait ainsi placé sur le terrain même des casuistes. Eh bien, qu'est-il arrivé? Est-ce leur œuvre ou la sienne qui a survécu? est-ce l'œuvre qui semblait puisée aux sources mêmes de la religion, ou au contraire celle qui ressuscitait et éclairait la sagesse profane des jurisconsultes romains? Quelle est celle qui a mérité d'être comparée à l'immortel traité *des Devoirs?* C'est l'œuvre de Pothier, l'œuvre du jurisconsulte, et non celle des théologiens.

A quoi tient la différence? On en peut indiquer deux causes, qui sont la conséquence l'une de l'autre. Premièrement, les casuistes avaient voulu s'immiscer dans les règles du for extérieur, et confondre absolument le domaine du droit avec celui de la conscience. En second lieu, cette immixtion les avait souvent amenés, pour se mettre d'accord avec la pratique des choses, à des capitulations indignes de la religion. Pothier, au contraire, en maintenant fermement la distinction du for intérieur et du for extérieur, voyait plus nettement les choses, et était dispensé de recourir à des équivoques aussi indignes du droit que de la théologie. Souvent même il fut conduit à rendre la loi plus sévère que certains théologiens n'avaient voulu faire la conscience.

Ainsi, tandis que, supprimant la division entre les obligations du for extérieur et celles du for intérieur, qui n'est autre que celle des devoirs parfaits et imparfaits, ces théologiens osaient autoriser celui envers qui un autre était tenu d'une simple obligation de conscience, à se faire justice lui-même en le dépouillant, Pothier repoussait cette doctrine contraire à toute société : « Les obligations imparfaites, dit-il (*Traité des Obligations*), ne donnent aucun droit à personne d'en exiger l'accomplissement. »

Tandis qu'ils permettaient, au point de vue de la conscience, les restrictions mentales, Pothier défendait comme dol « tout artifice qui blesse ouvertement la bonne foi. » (*Traité des Obligations*.)

Tandis que, pour échapper à la prohibition de l'usure, ils permettaient le *mohatra* et la combinaison des trois contrats, Pothier les réprouve aussi formellement que l'usure directe, « puisque l'usurier, dit-il, ajoute au péché de l'usure celui du mensonge et de l'hypocrisie. » (*Du prêt de consommation*, n° 90). Ailleurs (*Vente*, n° 30), il parle encore de ces contrats ; et son style, ordinairement onctueux et simple, se relève pour prendre quelque chose de l'âpreté janséniste de Pascal. « Si ces contrats, dit-il, sont réprouvés et réputés un prêt usuraire dans le for extérieur, ils ne doivent pas moins être jugés tels dans le for de la conscience ; la *direction d'intention* que vous vous êtes faite de ne pas vouloir me prêter à intérêt la somme d'argent dont j'avais besoin, mais de vouloir me vendre une chose à crédit, et la racheter de moi pour une somme moindre que celle pour laquelle vous me l'auriez vendue, est une pure illusion de la cupidité qui peut nous tromper, mais qui ne peut tromper Dieu qui sonde le fond des cœurs, et qui ne juge pas des volontés par ce que vous vous êtes faussement imaginé vouloir, mais par ce que vous avez réellement voulu dans le secret de votre cœur... *Deus non irridetur*. »

D'autres fois, au contraire, les théologiens péchaient par un excès de rigueur, qu'ils voulaient appliquer même au for extérieur. C'est ici que l'âme honnête et l'esprit droit de Pothier savaient trouver l'exact milieu où se tient la justice. Il ne le faisait pas sans scrupule, ni sans rendre hommage aux intentions de ceux qu'il combattait. Mais il apportait lui-même une telle sincérité dans chaque solution, que son avis est toujours le plus satisfaisant pour la conscience.

D'ailleurs, bien que n'acceptant exclusivement l'autorité d'aucun maître, il était toujours prêt à consulter ses devanciers ou ses contemporains, et jamais il ne se heurtait à l'écueil des nouveautés périlleuses.

Voilà par quelles qualités Pothier a surtout mérité de servir de modèle à notre législation moderne, à ce Code civil imité par toute l'Europe : le développement du droit dans les obligations, ce domaine de l'activité et de la responsabilité humaines, l'établissement d'un système plus parfait encore que celui du droit romain, des solutions animées par un esprit de justice et d'honnêteté, la recherche impartiale du vrai. Nous avons vu quelle variété de sujets Pothier a épuisée dans la première partie de sa laborieuse carrière. Quels sont les caractères généraux de sa méthode ? quels sont les procédés de son exposition ? Telle est la question que nous allons maintenant toucher.

CHAPITRE V.

LES TRAVAUX DE POTHIER. — SA MÉTHODE. — SES DERNIERS OUVRAGES.

39. Esprit net et généralisateur de Pothier.
40. Juste proportion de ses ouvrages.
41. Sa bonne foi, son sens droit dans les discussions. Qualités de son style.
42. Quelques points faibles des ouvrages de Pothier.
43. Comparaison de Pothier avec les auteurs qui ont traité les mêmes sujets que lui.
44. Ouvrages publiés par Pothier jusqu'à sa mort.
45. Ses ouvrages posthumes.
46. Pothier professeur.

39. Pothier, nous l'avons dit, abordait un sujet nouveau dans son ensemble; il avait donc besoin d'une généralisation systématique et d'une claire distribution de la matière. En même temps qu'une certaine hardiesse dans la conception de son plan, il lui fallait dans les détails un sévère attachement aux principes consacrés. Le *Traité des Obligations* montra toutes ces qualités réunies dans le plan dont nous avons présenté une faible analyse.

Le droit romain lui-même n'avait pas formé un ensemble aussi harmonieux. Dans les Institutes de Gaïus et dans celles de Justinien, la partie générale des obligations est à peine indiquée et fait place presque aussitôt à l'étude particulière des différentes espèces de contrats. Une partie importante des principes fondamentaux est renvoyée par Justinien au titre *De inutilibus stipulationibus*, et il faut y chercher la plupart des règles communes à tous les contrats sur les cas de nullité, sur les modalités diverses des obligations. De même, c'est au titre *De actionibus* seulement qu'on trouve les différents effets des contrats, selon qu'ils produisent des actions de bonne foi ou de droit strict; la théorie du dol et de la violence est également rejetée parmi les détails de la procédure, au titre *De exceptionibus*. Enfin les Institutes ne fournissent aucun développement sur les règles si importantes de la preuve. Dans le Digeste, les différentes parties de la théorie des obligations sont isolées d'une façon aussi arbitraire, et le désordre des textes insérés dans chaque titre ne fait qu'augmenter la confusion.

Le droit romain offrait donc à Pothier un modèle d'ordonnance assez défectueux. Mais la difficulté d'en tirer parti était doublée par le changement de la législation. Tandis que dans le droit romain la validité des contrats par le seul consentement était l'exception, dans le droit français elle était devenue la règle ; et un changement aussi radical rendait inapplicables bien des décisions particulières. En pareille circonstance, il fallait abandonner le droit romain, à moins d'employer la dangereuse méthode de Dumoulin et de torturer les textes pour leur faire exprimer des idées toutes nouvelles.

Tous ces obstacles ne rebutèrent pas Pothier. Le travail de coordination qu'il avait fait sur les Pandectes de Justinien lui facilita la conception d'une généralisation plus élevée, empreinte de plus de discernement et d'originalité.

Cependant le sentiment de l'unité ne l'emporta pas au delà de cette juste mesure après laquelle la généralisation devient une véritable gêne. Dans certains ouvrages dogmatiques, et en particulier dans ceux de la science allemande, on trouve parfois des plans conçus et développés avec une tension pénible, dont la fatigue se communique au lecteur. L'inconvénient est d'autant plus sensible qu'on ne suit pas un texte connu d'avance, mais des divisions abstraites et une terminologie qu'il faut à chaque instant fixer et expliquer. Si on prend, par exemple, le célèbre *Traité de droit romain* (*System des heutigen Römischen Rechts*), de M. de Savigny, pour se maintenir dans les idées générales, l'auteur abuse de l'abstraction, et l'esprit peut à peine se reposer sur des notions plus précises en recourant aux notes de l'ouvrage.

La généralité du sujet fatigue dans Domat lui-même. Son ouvrage semble de trop longue haleine ; on n'y rencontre pas cette précision matérielle des détails qui laisse une idée nette et saisissante.

La méthode dogmatique, en général, quand elle s'applique aux ouvrages élémentaires, a besoin d'un sujet homogène et limité, de divisions naturelles et faciles à suivre. Elle doit aussi éviter, en sens contraire, de tomber dans la monographie. A plus forte raison est-il dangereux de cumuler les deux inconvénients, en appliquant les procédés de la monographie à des sujets étendus. Il est nécessaire de se borner, et l'auteur qui cherche à faire entrer dans un cadre déjà vaste toutes les moindres questions du sujet peut faire un manuel de pratique, un répertoire : il est incapable d'écrire un traité.

40. Les ouvrages de Pothier ont cette juste proportion qui convient à la maturité de la science : ce n'est ni la sécheresse abstraite de quelques dogmatiques, ni la prolixité fatigante de beaucoup d'ouvrages spéciaux. Il n'encombre point l'esprit du lecteur de ces mille décisions accessoires qui peuvent trouver place dans l'exégèse d'un texte, mais qui sont inutiles à la doctrine. Il laisse de côté ces espèces rares et curieuses qui ne se présentent presque jamais. Ainsi ses décisions méritent de faire comme autant d'articles de lois. *Ex iis quæ forte uno casu accidere possunt, jura non constituuntur.*

Il procède ordinairement par des énumérations et des divisions générales, par des règles ou axiomes dont le développement fournit la solution des principales questions.

L'homogénéité des sujets lui rendait ces mérites plus faciles. Si, pour le *Traité des obligations*, Pothier avait eu à surmonter de nombreux obstacles, sa tâche fut bien aplanie pour les écrits qui suivirent et qui étaient comme le développement du premier. A chacun des contrats qu'il examinait correspondaient un ou plusieurs titres du Digeste de Justinien ; les principes, notamment ceux des contrats consensuels, pouvaient être acceptés pour la plus grande partie. Quant aux contrats étrangers au droit romain, comme la rente, les cheptels, et surtout la communauté, les auteurs français fournissaient d'abondantes ressources ; mais leurs ouvrages péchaient la plupart du temps par la méthode. Pothier y introduisit l'ordre, qui était l'essence de son génie ; il en tira cette série sans exemple encore d'ouvrages différents dirigés vers un même but.

41. Outre ces qualités générales de la méthode, outre la largeur et l'unité du plan, Pothier apportait dans ses ouvrages un scrupule tout particulier pour les solutions pratiques. Dans les questions importantes, il ne négligeait aucune raison de décider : le droit romain, les coutumes, les ordonnances, et par-dessus tout l'équité naturelle. La bonne foi respire à chaque instant dans ses ouvrages ; la candeur et la sérénité de ses idées se re-

produisent dans son style sans recherche, où quelquefois l'expression n'a pas toute la rigueur nécessaire, mais où la pensée est toujours nette et pure. Il n'a pas ces formules énergiques et tranchantes de Dumoulin; mais on aime sa prose « encor qu'un peu traînante, » parce que dans son cours paisible elle réfléchit, sans les altérer jamais, les objets qu'elle effleure ou qu'elle pénètre.

Point de parti pris chez lui dans la discussion. Il ne cherche pas, comme, par exemple, Henrys, Ricard ou Furgole, à faire entrer de gré ou de force dans la jurisprudence moderne toutes les solutions du droit romain, ni, comme Loysel, à lui imposer des règles exclusivement coutumières, encore moins, comme certains jurisconsultes, à y faire prévaloir ses propres imaginations. Son originalité est de ne point chercher à être original. Il n'a point de système personnel, et cependant il ne se contredit jamais, tant la recherche sincère de la justice conduit à des résultats indivisibles !

Si quelquefois il lui arrive de se trop avancer, c'est sur des points secondaires; et comme il n'y met jamais d'amour-propre d'auteur, il peut rétracter son opinion sans nuire à l'ensemble de son œuvre. Il s'y résigne sans difficulté, dès que les considérations qui lui sont opposées lui paraissent décisives. Persiste-t-il au contraire dans son opinion, ce n'est pas parce que les raisons adverses contrarient chez lui un esprit de système, c'est qu'elles ne peuvent convaincre sa bonne foi; souvent il rejette modestement sa persistance sur son respect pour la tradition. C'est ainsi, par exemple, qu'il refuse d'accepter une doctrine nouvelle de Lebrun, qui venait combattre la vieille théorie des trois fautes : « Au reste, dit-il en terminant, quoique l'auteur n'ait pu me persuader d'embrasser son système (ce qu'il doit pardonner à un vieillard à qui il n'est pas facile de se départir de ses anciennes idées), je dois cette justice à sa dissertation qu'elle est très-ingénieuse et très-savante, et qu'elle mérite d'être lue par tous ceux qui ont quelque goût pour la jurisprudence. » (*Observation générale sur le Traité des obligations*, à la fin de ce traité.)

Cette absence de prétention se retrouve dans ses procédés d'exposition : plus préoccupé de son idée que de lui-même, il s'essaye à donner au lecteur une vue bien nette de son sujet;

loin de chercher à briller par l'explication de systèmes ardus, il va toujours aux moyens les plus simples : des définitions, puis des exemples clairs et précis, choisis pourtant avec une généralité suffisante, sont ce qu'il emploie de préférence. Trouve-t-il dans le droit romain ou dans les anciens auteurs quelque distinction trop subtile, il n'en cherche point les raisons métaphysiques ou historiques ; il ajoute simplement : « Cette solution semble trop subtile ou trop rigoureuse pour être suivie aujourd'hui. »

42. Pothier a quelquefois les défauts de ses qualités. Dans les sujets de pure abstraction, où il n'a pas pour se soutenir l'exemple d'une pratique quotidienne, sa précision l'abandonne. Sa terminologie manque d'exactitude, ou tout au moins les distinctions n'en sont pas fermes et nettement arrêtées. Dans la matière des obligations indivisibles en particulier, on peut relever des définitions trop vagues, des exemples mal choisis ; il fallait pour se tirer de ce labyrinthe toute l'énergique précision de Dumoulin, et Pothier n'avait pas la même puissance d'abstraction. Comme témoignage de la difficulté de cette théorie pour lui, on a trouvé dans ses œuvres posthumes un résumé de sa main du traité de Dumoulin. De même, quand il s'est agi pour Pothier de classer les clauses d'ameublissement, il s'est trouvé en présence de divisions multiples : ameublissement général et particulier, déterminé et indéterminé. Si on examine au fond sa division, elle est exacte et complète ; mais elle n'est pas nette, et elle a entraîné les rédacteurs du Code civil à une confusion tout à fait irrationnelle (art. 1507 C. N.).

Si Pothier laisse ainsi à désirer, c'est surtout dans ces matières de droit purement positif, où l'équité naturelle n'a qu'une place très-secondaire. Son génie ne se trouve pas à l'aise dans certains détails de ces théories artificielles, et c'est ce qui explique l'infériorité de ses derniers ouvrages par rapport aux premiers.

Une des plus fréquentes causes de confusion, c'est l'existence des règles spéciales du droit féodal à côté du droit ordinaire. Souvent le droit féodal avait réagi sur les principes communs, soit directement, soit, au contraire, par suite de la résistance des légistes à certaines conséquences : c'est ainsi, par exemple, que s'étaient établies les règles de la saisine et de l'effet déclaratif du partage. Mais, dans plusieurs cas, il n'y avait pas eu assimilation entre les règles du droit féodal et celles du droit commun; c'est alors que la confusion était à craindre.

Par exemple, en matière d'actes récognitifs ou confirmatifs, les canonistes et les feudistes avaient admis que la reconnaissance ou confirmation d'un privilége conféré par un seigneur, quand elle était faite *in forma communi*, en vertu d'un titre primordial, ne faisait foi que de ce qui était contenu au titre primordial. Cette règle établie comme spéciale par Dumoulin (Coutume de Paris, gl. 86), Pothier la prit pour générale et l'appliqua à toutes reconnaissances *in forma communi*. Notre Code civil a encore renchéri sur cette règle, en l'appliquant à toutes reconnaissances, tant *in forma speciali* que *in forma communi* (art. 1337) : la méprise s'est de plus en plus aggravée.

La question de savoir si la femme exerce ses reprises comme propriétaire ou créancière a été longtemps embrouillée par une confusion de même nature. Si on consultait le droit des feudistes, il fallait dire que la femme agissait comme propriétaire (Coutume d'Orléans, *Des fiefs*); d'après le droit commun, elle était simple créancière (*Traité de la communauté*, nos 584 et suiv.). Cette dernière opinion, seule applicable aujourd'hui, a pu cependant être contestée par suite des principes spéciaux des feudistes.

Si Pothier fournit l'occasion de quelques confusions, son esprit clair et exact en a détruit un bien plus grand nombre. Toutes les parties de la législation ancienne qui ont subsisté sont dégagées dans ses premiers ouvrages; les matières aujourd'hui disparues de la pratique sont isolées dans ses dernières œuvres, et les sujets qu'il a traités avec le plus de soin et de prédilection sont précisément ceux qui conviennent à tous les temps et à tous les pays.

43. Le meilleur moyen de se rendre compte des progrès que Pothier fit faire à l'étude du droit, c'est de lire les ouvrages de ses devanciers et de ses contemporains à côté des siens.

Aucun d'eux n'avait fourni sur une matière aussi importante que celle des obligations une encyclopédie comparable à celle de Pothier. Mais, dans le détail, Pothier leur était encore supérieur par la sobriété de sa méthode, la clarté de ses déductions, l'absence des détails et des dissertations inutiles. Chez lui, point de discussions sans intérêt pratique, point de plaidoyers sur des points secondaires.

Avant lui, différents auteurs avaient essayé de faire un corps de droit complet. Sans parler de Domat, dont l'initiative vraiment scientifique avait une haute valeur, on peut citer des jurisconsultes d'un degré inférieur, comme Bourjon et Ferrière, qui, prenant pour point de départ la Coutume de Paris, avaient essayé d'y rattacher le droit commun de la France. En réalité, ils n'avaient fait qu'un commentaire exégétique de cette coutume, et n'avaient pu y fondre d'une façon satisfaisante les règles des autres coutumes et celles du droit romain; surtout, ils n'avaient pas su dégager nettement les règles dominantes de la législation.

De son côté, dans une semblable entreprise, Henrys, exclusivement attaché à la jurisprudence des parlements des pays de droit écrit, avait fait un ouvrage très-étendu et plein d'érudition, mais souvent fautif et incomplet, composé parfois de consultations sur des points d'un médiocre intérêt; le manque de proportion entre l'exposé des principes généraux et l'excessif développement des espèces (défaut peut-être augmenté par Bretonnier, son annotateur) était une fatigue pour l'esprit.

Pour trouver un devancier digne de Pothier, en laissant de côté Domat, il fallait remonter jusqu'à Dumoulin. Mais Dumoulin, comme Domat, était un initiateur. Il avait préparé bien des réformes dans la science, mais il n'avait pas vu la perfection de son œuvre. Après avoir fait reconnaître par l'autorité de son génie l'unité foncière et la supériorité du droit coutumier, il n'avait pu, comme Pothier, laisser le dernier mot de la science; il n'avait pu être, comme lui, populaire et élémentaire : la langue même qu'il employait, le latin, y était un obstacle.

Si maintenant nous mettons Pothier en présence des auteurs de traités spéciaux, sa supériorité apparaît non moins évidente. Ces auteurs étaient souvent tombés dans le défaut que nous avons signalé, de se perdre dans une compilation trop complète pour être méthodique. Les plus célèbres traités, à l'époque de Pothier, ceux de Ricard sur les *Donations*, de Lebrun sur la *Communauté* et sur les *Successions*, de Furgole sur les *Testaments* et les *Donations*, sont d'une longueur excessive : encombrés d'espèces, de citations, de noms de parties et d'arrêts de parlements, ils ne soutiennent pas l'attention par la continuité de la méthode; on n'y trouve pas indiquées avec autant de netteté ces divisions naturelles qui gouvernent tout l'ouvrage. Souvent, d'ailleurs, ils agissent sous l'influence d'un système préconçu et ne savent pas éclairer leurs opinions par un intelligent éclectisme.

44. Les mérites que Pothier avait déployés dans ses traités sur les obligations et les contrats, il continua à les appliquer dans ses autres ouvrages. Il aborda, sur la fin de sa vie, d'autres parties de la législation coutumière, plus empreintes des caractères du droit purement positif et en même temps plus dégagées des principes romains. Il avait dans cette tâche nouvelle des modèles plus nombreux; mais il y resta encore original, en laissant de côté la forme du commentaire et en appliquant la méthode rationnelle et dogmatique du droit romain : c'était bien souvent cette méthode seule qui manquait au droit coutumier pour former un système de législation aussi complet que celui du droit écrit.

Jusqu'à son dernier jour, il persévéra dans son entreprise. La mort le surprit en 1772, venant de publier son dernier traité, et réservant encore à la science de nombreux ouvrages dont on trouva les manuscrits presque parfaits.

Si nous reprenons la liste que nous avons laissée, en 1769, au *Traité de la communauté,* nous trouvons :

En 1770, le *Traité du douaire;*

En 1771, le *Traité du droit d'habitation,* le *Traité des donations,* le *Traité du don manuel;*

En 1771 et 1772, le *Traité du domaine de propriété,* et le *Traité du droit de possession.*

45. A sa mort, il laissait de nombreux manuscrits sur le droit civil français et romain, et sur le droit canonique. Pour ne parler ici que de ceux qui ont été publiés, nous citerons :

Les *Traités des fiefs, censives,* etc.; — *des tutelles et de la garde noble ; — des servitudes ; — des donations entre-vifs ; — des personnes ; — de la légitime ; — des testaments ; — des substitutions ; — des successions ; — de l'hypothèque , — de la subrogation ; — de la vente des immeubles par décret ;* — et, enfin, *de la procédure civile et criminelle.*

« La plupart de ces traités posthumes, dit M. Dupin, ne sont que des ébauches, et toutefois ces simples croquis sont tracés d'une main si sûre que, si l'on n'y trouve pas tous les développements que le sujet comporte et que l'auteur leur aurait certainement donnés, du moins on n'y rencontre point d'erreurs : le coloris manque, mais le dessin est pur et correct. » (*Dissertation sur Pothier*, p. 110-111.)

Il y a trop de réserve dans cette appréciation : beaucoup des traités que nous avons mentionnés sont encore de véritables modèles. La belle ordonnance du plan, le soin constant de suivre le développement le plus conforme à la nature, la juste place donnée aux idées générales, l'équité qui respire dans les solutions sont toujours les mêmes. Ces traités trop négligés ont souvent inspiré nos législateurs, malgré les changements introduits dans le fond même des choses.

Quelle différence, par exemple, entre le système successoral de l'ancien droit et le nôtre ! Et pourtant l'ordre si bien réglé qui existe dans le titre *Des successions* du Code Napoléon, de qui vient-il ? Il est pris, à peu de chose près, dans le *Traité des successions* de Pothier. Dans son chapitre Ier, Pothier étudie la capacité ; dans le chapitre II, l'ordre de succéder ; le troisième chapitre est consacré à l'ouverture des successions, à la saisine, à l'acceptation, à la répudiation et au bénéfice d'inventaire ; le quatrième, au partage, aux rapports, à la rescision, etc.; le cinquième, aux dettes et charges des successions. On suit ainsi la marche d'une succession qui s'ouvre, qui est dévolue à des héritiers divers, qui est acceptée ou répudiée, dont on liquide l'actif, puis le passif. A l'aide de cette généralisation, les points moins importants qui font la différence des législations, par exemple l'ordre de succéder, sont circonscrits dans des limites étroites ; les détails ne font pas tort à l'ensemble, et l'ordonnance du sujet reste tout entière. Dans un grand nombre de détails, c'est encore Pothier qui a inspiré les rédacteurs du Code : l'article 800 du Code Napoléon, par exemple, qui a donné lieu à tant d'interprétations, est extrait presque littéralement d'un passage de son traité (chap. III, sect. 5), et cette disposition s'explique le plus clairement du monde sans contrarier aucun principe. Il en résulte que si un successible, faute d'avoir renoncé ou accepté bénéficiairement dans les délais voulus, est condamné en dernier ressort comme héritier pur et simple à la requête d'un créancier, cette condamnation a un effet définitif quant au créancier poursuivant, mais purement relatif, et qu'elle n'est pas opposable de la part des autres.

Le petit *Traité des personnes* porte également sur une matière qui a subi un changement bien considérable depuis Pothier ; la division qu'il présente comme la première et la plus importante, celle qui classe les personnes en ecclésiastiques, nobles, gens du tiers-état et serfs, n'a plus d'application. Malgré tout, on peut encore puiser dans ce traité bien des renseignements utiles. Nos législateurs eux-mêmes, au lieu d'édicter l'énigmatique article 11 du Code Napoléon pour régler la situation des étrangers en France, se seraient inspirés avec beaucoup de fruit du parallèle établi par Pothier entre les regnicoles et les aubains ou étrangers. Au lieu de donner une formule générale et vague, il énumère un à un les droits dont les étrangers sont privés, les charges spéciales qui les atteignent : c'est encore là, *mutatis mutandis*, qu'on trouve l'idée la plus nette sur la position des étrangers en France.

De même on peut trouver dans le *Traité des donations entre mari et femme* (nº 237) l'explication la plus naturelle et la plus certaine des articles 605, 606 et 607 du Code Napoléon. Contrairement à la doctrine romaine, qui semble au premier abord plus conforme aux principes de l'usufruit considéré comme servitude, Pothier établit que le nu-propriétaire peut être contraint à faire les grosses réparations nécessaires à la jouissance de l'usufruitier ; seulement il le dispense de reconstruire les bâtiments totalement détruits par cas fortuit ou vétusté.

Les moindres ouvrages de Pothier fournissent, on le voit, la plus sûre interprétation de la législation actuelle.

46. Mais ce n'est pas seulement par ses ouvrages que Pothier a servi la science du droit : comme professeur à l'université d'Orléans, il lui avait imprimé une vive impulsion (Letrosne, *Éloge de Pothier*). Il avait su apporter dans cet enseignement, si abaissé jusqu'à lui, la méthode et la clarté de ses ouvrages, la science sans vain étalage, l'exactitude sans abstractions inaccessibles. Sous ses auspices, l'université d'Orléans brilla d'un éclat inaccoutumé ; l'émulation qu'il essayait d'exciter parmi ses élèves, il la provoquait aussi parmi les jurisconsultes ses confrères. Pothier, longtemps avant d'écrire sur le droit, s'était mis en rapport avec les hommes distingués que contenait Orléans,

Prévost de la Janès, Jousse, Guyot. De l'échange de leurs qualités diverses naquit cette illustration qui se répandit à la fin du dix-huitième siècle sur l'université d'Orléans; c'est de là que sortirent les meilleurs ouvrages sur le droit, en même temps que l'enseignement le plus profitable. Tous ces travaux, dont les auteurs, presque toujours unis par l'estime et l'amitié, se consultaient et se conseillaient sur leurs ouvrages, préparèrent les voies de la législation nouvelle.

Pothier doit avoir la plus grande part dans cette gloire. Parmi les jurisconsultes, c'est lui assurément dont les ouvrages ont eu la plus grande influence sur son siècle et sur le nôtre; c'est en lui que se résume la science de l'ancien droit français. Son génie n'a rien de créateur; mais il éclaire avec une telle puissance les découvertes antérieures qu'il leur donne comme une seconde vie.

CHAPITRE VI.

POTHIER ET D'AGUESSEAU EN PRÉSENCE DU DROIT MODERNE.

47. Législation moderne.
48. Appréciation de Pothier et de d'Aguesseau par les rédacteurs du Code civil.
49. Influence spéciale de Pothier sur notre Code.
50. Influence de d'Aguesseau.
51. Pothier, d'Aguesseau et les commentateurs modernes.
52. Idées modernes étrangères à Pothier et à d'Aguesseau.
53. Conclusion.

47. Dès leur apparition, les ordonnances de d'Aguesseau et les ouvrages de Pothier furent accueillis avec une faveur extraordinaire dans le monde de la science juridique : le droit ancien, dégagé d'un grand nombre d'obscurités grâce au chancelier et à l'auteur du *Traité des Obligations*, se trouvait fixé.

Le *Répertoire de Guyot*, auquel travailla Merlin, et qui lui servit plus tard de modèle, fut encore un ouvrage important où se résuma la jurisprudence d'avant la Révolution. Cet ouvrage s'inspire constamment de ceux de Pothier; mais, outre son absence de méthode (c'est un recueil alphabétique), il est trop surchargé de ces détails secondaires et de ces diversités de dispositions coutumières que Pothier avait su rejeter.

Quoique postérieur en date, il fait en quelque sorte un pas en arrière.

La Révolution vint : la science théorique parut pour longtemps négligée; les jurisconsultes s'effacèrent dans l'immense mouvement qui agitait la France. Mais de cette agitation sortit une grande pensée législative, plus nettement formulée qu'elle ne l'avait jamais été, celle de l'*unité* en matière de droit. La Révolution avait brisé les deux obstacles auxquels s'était heurté d'Aguesseau : la féodalité et les parlements. L'égalité civile était établie, la propriété affranchie de ses entraves par la suppression des servitudes féodales et des substitutions. Les aspirations vers l'unité prirent une force nouvelle, et l'Assemblée nationale, puis la Convention, décrétèrent qu'il serait fait un code de lois uniforme pour toute la France.

Un premier projet, élaboré par Cambacérès en un mois et demi à peine, fut présenté à la Convention le 7 août 1793. Ce qu'on y remarque surtout, après la consécration des nouveaux principes introduits dans l'état des personnes, la famille et le régime de la propriété, c'est le développement inusité donné à la théorie des obligations et des différents contrats : évidemment l'œuvre de Pothier avait inspiré le rédacteur. Mais, malgré la sobriété de ce projet, la Convention jugea que les détails où il était entré ne convenaient pas à la majesté d'une loi générale, et il fut momentanément abandonné. Le 28 brumaire an II, la Convention décida que la discussion serait ouverte sur un second projet, d'une concision vraiment extraordinaire, où l'on ne trouvait que les règles et les divisions les plus générales, et qui n'entrait dans aucun détail pratique, s'en remettant pour cela à des lois réglementaires. Un tel travail ne pouvait avoir d'autre prétention que de rompre avec la jurisprudence antérieure et de se rattacher par une vaine affectation de brièveté aux lois lapidaires des temps primitifs. Le danger qui menaça ainsi un moment notre législation eût pu être fort sérieux si les travaux de la génération précédente n'eussent fourni des matériaux tout prêts pour une réforme plus raisonnable.

Le second projet de la Convention fut bientôt abandonné, et on revint à l'idée d'un plan plus étendu. En l'an IV, Cambacérès dut présenter un nouveau projet, qui n'était que le premier perfectionné et enrichi par les nombreuses lois votées dans l'intervalle.

Le 30 frimaire an VIII, un quatrième projet encore plus complet fut présenté à la commission consulaire : c'est celui qu'on connaît sous le nom de projet Jacqueminot. En dernier lieu, et le 4 nivôse an VIII, MM. Bigot-Préameneu, Tronchet et Portalis furent chargés de rédiger un cinquième projet, qui est devenu le Code actuel, après avoir été élaboré par eux, soumis aux observations des tribunaux d'appels et du tribunal de cassation, discuté et amendé en Conseil d'État, communiqué officieusement puis officiellement au Tribunat, pour être enfin voté par le Corps législatif.

48. Quels sont les initiateurs qui ont inspiré nos hommes d'État dans ce grand travail ? Demandez-le-leur à eux-mêmes. Si on consulte les discours préliminaires sur l'ensemble du Code civil, et qu'on cherche à quel jurisconsulte se rattachent les rédacteurs, il semble tout d'abord que leur esprit se porte de préférence sur Domat : l'unité originale de son ouvrage, son caractère philosophique attirent sur lui les premiers regards ; Pothier est relégué parmi les jurisconsultes secondaires, *inter cæteros*, quoique dans un rang honorable. Un autre nom occupe avec celui de Domat le premier plan : c'est celui de d'Aguesseau, dont les réformes sont justement appréciées par les législateurs modernes.

Ainsi parle Portalis, à la séance du 28 ventôse an XI, devant le Corps législatif :

« Quand le législateur eut fixé sa sollicitude et ses regards sur quelques matières importantes, il sentit la nécessité et il eut le désir de toucher à toutes. On fit quelques réformes dans l'ordre judiciaire, on corrigea la procédure civile, on établit un nouvel ordre dans la justice criminelle, on conçut le vaste projet de donner un code uniforme à la France. Les Lamoignon et les d'Aguesseau entreprirent de réaliser cette grande idée. Elle rencontrait des obstacles insurmontables dans l'opinion publique, qui n'y était pas suffisamment préparée, dans les rivalités du pouvoir, dans l'attachement des peuples à des coutumes dont ils regardaient la conservation comme un privilége, dans la résistance des cours souveraines qui craignaient toujours de voir diminuer leur influence, et dans la superstitieuse incrédulité des jurisconsultes sur l'utilité de tout changement qui contrarie ce qu'ils ont laborieusement acquis ou pratiqué pendant toute leur vie.

« Cependant les idées de réforme et d'uniformité avaient été jetées dans le monde. Les savants et les philosophes s'en emparèrent ; ils portèrent dans les matières législatives le coup d'œil d'une raison exercée par l'observation et par l'expérience. On compara les lois aux lois, on les étudia dans leurs rapports avec les droits de l'homme et avec les besoins de la société. Le judicieux Domat et quelques autres contemporains commencèrent à se douter que la législation est une véritable science. J'appelle *science* une suite de vérités ou de règles liées les unes aux autres, déduites des premiers principes, réunies en corps de doctrine et de système, sur quelqu'une des branches principales de nos connaissances. » (Fenet, tome Ier.)

Mais si, dans le plan général, c'était Domat qui semblait inspirer nos législateurs, Pothier reprenait sa place quand il s'agissait d'entrer dans le vif des questions.

« Domat, disait le tribun Mouricault, a recueilli les décisions du droit romain dans ses *Lois civiles*, ouvrage profond qui sera toujours utilement médité. Pothier, après lui, a rassemblé et commenté les mêmes décisions dans des traités qui resteront classiques ; *le projet qui vous est soumis en est la substance*, et, par cette seule considération, il est déjà fortement recommandé à votre adoption. » (Fenet, t. XIII, p. 414.)

On peut voir dans le même sens les discours de MM. Bigot-Préameneu et Favard. (Fenet, t. XIII, p. 217.)

D'Aguesseau méritait également d'être cité, non-seulement, comme l'avait fait Portalis, pour l'impulsion générale qu'il avait donnée à la législation, mais encore pour les réformes spéciales dont il l'avait enrichie.

« C'est ici, disait M. Bigot-Préameneu en parlant des donations, que tous les regards se fixent sur ces lois célèbres qui contribuent à rendre immortelle la gloire du chancelier d'Aguesseau. Ses ordonnances sur les donations et les testaments ont été, comme le nouveau Code, le fruit de longues méditations. Elles n'ont également été adoptées qu'après avoir consulté le vœu de la nation par le seul moyen qui fût alors possible; celui de prendre l'avis des magistrats et des jurisconsultes. Les rédacteurs du Code ont eu recours aux dispositions de ces lois, avec le respect qu'inspirent leur profonde sagesse et le succès dont elles ont été couronnées. » (Fenet, t. XII, p. 543.)

Ces citations montrent ce qu'avaient eu d'éminemment juste et pratique les visées de d'Aguesseau et de Pothier, puisqu'après une étonnante révolution dans les mœurs et dans l'état de la nation, leur œuvre restait complète et digne d'être prise pour modèle.

49. Pothier s'était surtout attaché, nous l'avons souvent fait remarquer, à dégager les principes qui régissent les conventions, cette matière en apparence si variable et au fond si constante. On l'a dit avec raison, « la législation romaine si défectueuse dans les parties qui se rattachent au système politique, la législation romaine qui consacre l'esclavage, qui, dans ses dispositions sur les testaments, sur l'adoption, sur l'organisation de la famille et du pouvoir domestique, accuse si fortement l'influence d'une aristocratie ambitieuse, la législation romaine est un modèle de sagesse dans la partie des obligations, libre qu'elle était ici de cette dangereuse influence, et tout entière livrée dès lors aux salutaires directions de la loi naturelle. » (Berville, *Éloge de Pothier*.)

C'est dans cette législation antique que Pothier avait cherché des précédents pour son œuvre la plus considérable. Le reste de ses travaux, sur l'état des personnes, sur le régime de la propriété, sur la loi des successions et des donations, s'appliquaient à une législation plus récente et plus nationale. Et pourtant, c'est celle qui a été le plus durement atteinte par les changements.

Cherchez, dans le premier discours de M. Jaubert au Tribunat, l'énumération de ce qui a disparu... Ce sont les institutions propres au droit français (ou celles empruntées au droit écrit dans ses dispositions sur la famille et les successions). M. Jaubert cite : l'action *ab irato*, — l'exhérédation et l'institution d'héritier, — la fiducie, — le droit d'élire, — les substitutions, — les droits d'aînesse ou de masculinité, — la légitimation par lettres du prince, — l'interdiction pour prodigalité, — les droits nobiliaires de certains héritages, — les droits féodaux, — le retrait lignager, — les rentes foncières non rachetables, — l'imprescriptibilité du domaine de l'État, — la division des biens en libres et propres, — le don mutuel, — le douaire coutumier.— Il faut joindre à cette énumération la profonde modification du régime hypothécaire, du système des prescriptions, etc.

La loi des contrats, au contraire, subsiste dans son ensemble. Tous les titres de notre Code, depuis celui des *Contrats ou obligations conventionnelles* jusqu'à celui du *Cautionnement* (art. 1101-2003 C. N.), comprenant environ mille articles, sont le calque fidèle des ouvrages de Pothier. C'est la même ordonnance, à quelques détails près ; ce sont les mêmes idées générales.

Qui pourrait dire si le développement du droit des conventions n'a pas contribué à cette extension des transactions civiles et commerciales qui distingue notre époque, et si la détermination de principes certains sur les droits et les obligations attachés à chaque contrat n'a pas encouragé les hommes dans une voie désormais aplanie et facile, autrefois pleine d'embûches et de périls ? N'est-ce pas ici le cas de rappeler que les fondateurs des États-Unis d'Amérique (et en particulier Rufus King) s'occupèrent de fixer d'une façon uniforme la loi des contrats, comme une des premières bases de l'union et de la prospérité de la république naissante ? (M. Laboulaye, Cours de 1864.)

Les jurisconsultes étrangers eux-mêmes ont rendu hommage aux ouvrages de Pothier sur le droit commercial, en l'associant dans leurs éloges à Jousse et à Valin. « Pothier (dit M. Marshall, jurisconsulte anglais), dans ses traités sur les contrats, réunit le savoir le plus profond à la morale la plus pure et au jugement le plus étendu : celui relatif aux assurances est net, concis et de main de maître. » (M. Bécane, *Préface au Commentaire de Valin sur l'ordonnance de* 1681, p. 57.)

On s'attendrait souvent à trouver insuffisantes pour notre époque des règles faites pour un temps où les relations commerciales étaient si peu développées. Mais l'équité (comme la morale) est la même pour les grandes et pour les petites entreprises : Pothier est resté le meilleur commentateur de nos codes, qu'il a inspirés, et le meilleur conseiller en matière de conventions.

50. L'œuvre de d'Aguesseau, au contraire, a porté, et elle devait porter, sur des règles de droit plus arbitraires. Elle a réglé des institutions qui n'avaient en elles-mêmes rien d'absolu. Aussi n'a-t-elle subsisté qu'en partie, malgré la hauteur des vues et la grandeur des travaux du chancelier. En ce qui concerne les substitutions, il n'a pu que déployer des tendances bientôt dépassées, et ce qui reste de son ordonnance dans notre Code a un intérêt secondaire.

Les vues de d'Aguesseau avaient, à n'en pas douter, plus d'étendue que celles de Pothier: car il y avait en lui un homme d'État et un philosophe en même temps qu'un jurisconsulte, et nos législateurs ont eu raison en le plaçant, à ce point de vue, au-dessus de Pothier ; et cependant ils ont emprunté beaucoup à ce dernier, et assez peu à d'Aguesseau.

Si l'influence des ordonnances de 1731, de 1735, se manifeste matériellement dans le Code par une reproduction presque textuelle, ce qu'on leur doit surtout, c'est le progrès qu'elles ont fait faire à l'idée de l'unité de législation.

51. L'influence exercée par Pothier et d'Aguesseau sur nos législateurs s'est continuée sur les jurisconsultes qui ont écrit depuis le Code Napoléon.

Ce Code n'était pas fait pour se passer de commentaires. « Notre Code, disait le tribun Jaubert, aura-t-il tout prévu ? Il était impossible de tout prévoir, notamment dans la matière des conventions, qui varie à l'infini ; il eût même été dangereux de descendre dans des cas particuliers. Ce sont les principes qu'il fallait établir. Parmi les principales imperfections du Code prussien, on a remarqué avec raison la surabondance de doctrine. La loi ne doit jamais être un raisonnement ni une dissertation. »

Il fallait donc au Code civil des commentateurs. Or il est incontestable que les ouvrages qui commentent une loi nouvelle se ressentent la plupart du temps du défaut de précédents et du manque de certitude dans la doctrine ; une application prolongée fait seule découvrir, par une sorte d'induction, ce qui est en quelque manière la loi de la loi, ce qui en forme l'essence véritable. Pour notre Code, il en fut autrement : on trouvait un premier commentaire fait à l'avance, l'œuvre de Pothier, qui avait servi de modèle au législateur. Pothier guidait et inspirait les nouveaux commentateurs, et même aujourd'hui, il reste beaucoup à y puiser ; c'est lui qu'il faut toujours consulter le premier pour pénétrer le vrai sens des dispositions qui nous régissent.

La double influence de Pothier et de d'Aguesseau a été signalée par tous les jurisconsultes modernes; quelques-uns leur ont consacré des ouvrages spéciaux : M. Dupin, dans une notice sur Pothier; M. Bugnet, dans les notes de son édition, où il rapproche des traités du jurisconsulte orléanais les articles du Code qui en sont tirés. D'Aguesseau a été aussi l'objet de travaux considérables (MM. O. de Vallée, F. Monnier, etc.).

Mais ces influences si fécondes ne doivent pas exclure l'originalité chez les nouveaux commentateurs de nos lois. M. Troplong caractérise ingénieusement, en parlant des travaux de Pothier, le rôle de l'auteur qui veut aujourd'hui écrire sur le droit :

« Lorsque Pothier parut, il fallait résumer le droit; aujourd'hui, il faut l'étendre. Pothier trouva la science encombrée, diffuse, péchant par surabondance et par luxe; maintenant elle a pour défaut capital la sécheresse, la maigreur, l'indigence. Sans réduire le droit à sa plus simple expression, comme Domat l'avait fait avec la rigueur d'un algébriste, il fallait, au dix-huitième siècle, l'abréger, le rendre simple, précis, méthodique, et cependant lui laisser la profondeur scientifique et la richesse de la doctrine. Pothier a merveilleusement réussi dans cette tâche; c'est là le chef-d'œuvre de son talent. Mais, à l'heure qu'il est, il est permis de penser que le Code civil, résumé des progrès de la société moderne dans l'ordre des rapports privés, ouvre une carrière dans laquelle la science doit se montrer sous des formes nouvelles. » (*Traité du gage*, préface, p. 41.)

52. Ajoutons que notre époque a sur certains points des idées et des institutions que ne connurent ni Pothier ni d'Aguesseau : ce sont celles que la Révolution a fait entrer dans le droit.

Tous deux, Pothier et d'Aguesseau étaient des conservateurs. Attachés à la tradition avec un respect scrupuleux, ils n'eurent guère plus le pressentiment des réformes sociales que la possibilité de les faire. Pour Pothier d'abord, s'il a servi la cause de l'avenir, c'est en faisant ressortir ce qu'il y avait de meilleur dans le passé sous une forme nouvelle et excellente; son esprit pratique, mais paisible, n'a guère sollicité d'innovations.

D'Aguesseau a eu des aspirations mieux définies vers le perfectionnement de la législation existante; mais beaucoup de réformes l'ont encore trouvé inaccessible, soit par conviction, soit par crainte de ne pouvoir réussir dans un progrès radical.

Les idées d'humanité, d'égalité entre les hommes, tant vantées par les philosophes, le séduisirent sans doute jusqu'à un certain point ; mais, pour les mettre en pratique, il eût fallu attaquer de vieilles institutions qui opposaient encore à la destruction une force d'inertie dont une révolution pouvait seule triompher : ainsi l'état des personnes, le régime de la propriété, le système des successions n'entrèrent-ils pas dans le plan de ses réformes.

Les idées professées plus spécialement par les économistes avaient quelque chose de plus pratique et de plus conciliable avec les institutions de l'époque. Aussi d'Aguesseau leur donna-t-il satisfaction dans quelques-unes de ses ordonnances : l'intérêt du crédit public inspira dans de certaines limites les mesures de publicité qu'il prescrivit pour les donations et les substitutions ; l'intérêt de la libre circulation de la propriété trouva son compte dans les restrictions apportées à ces mêmes substitutions et aux acquisitions des établissements de main-morte.

Mais les formules générales du crédit public ne le frappèrent pas avec la même évidence : c'est ainsi que nous l'avons vu repousser la publicité des hypothèques pour ménager le crédit des grandes familles, comme on l'a fait encore de nos jours en Angleterre.

53. De tout ce qui a manqué à Pothier et à d'Aguesseau, il faut surtout s'en prendre aux institutions de leur temps. La Révolution a fait disparaître les entraves qui les avaient retenus : la féodalité et ses conséquences, la diversité dans l'administration de la justice. L'état des personnes a été établi sur des principes plus équitables, la libre circulation des biens favorisée, le régime des successions débarrassé de ses complications bizarres et de ses injustices. Mais combien nos lois laissent encore à désirer dans toutes ces dispositions où l'ancien droit n'a pu guider nos législateurs ! Que d'incertitudes dans les institutions destinées à assurer le crédit et la sécurité des transactions ! La réforme du régime hypothécaire, imparfaitement accomplie par la loi sur la transcription, est encore à l'ordre du jour ; la législation nouvelle sur les sociétés commerciales cherche à s'équilibrer sur ses bases mal assises ; les derniers monopoles luttent contre le principe de la liberté commerciale ; la question du taux de l'intérêt est plus que jamais agitée ; la propriété intellectuelle,

après avoir conquis sa place, traverse une crise d'incertitudes.

Au contraire, les parties de nos lois inspirées par Pothier et d'Aguesseau sont celles qui présentent le plus de cohésion et de solidité, les dispositions les plus claires et les plus méthodiques ; et là même où le législateur a commis quelque inexactitude dans ses termes ou dans ses théories, la loi se redresse d'elle-même par l'effort de sa logique et se soutient par la solidité des principes sur lesquels elle est fondée.

Ce n'est pas qu'on doive pour cela désespérer des réformes nouvelles ; mais, à ces créations spontanées de la société moderne, il faut un développement également spontané ; il faut que l'activité des efforts individuels se serve à elle-même de limite et de pondération ; il faut, en un mot, que les institutions législatives s'établissent sur le large terrain de la liberté.

www.ingramcontent.com/pod-product-compliance
Ingram Content Group UK Ltd.
Pitfield, Milton Keynes, MK11 3LW, UK
UKHW012048240726
13965UKWH00003B/1135

9 782013 451321